2万人の受験生親子を
合格に導いたプロ講師の

後悔しない
中学受験
100

渋田隆之

かんき出版

はじめに

はじめまして、渋田隆之《しぶたたかゆき》と申します。

私は30年以上、この業界に身を置いていますが、最近はとくに「中学受験で手助けが必要なのは、子どもだけではなくて保護者のみなさんだ」と感じることが多くなりました。中学受験を取り巻く環境の変化が早すぎて自分の経験が参考にならなかったり、ＳＮＳからの情報があまりに多く、焦り、振り回されたりしてしまう……。

この本を手に取ってくださった方も、もしかしたらその一人かもしれません。

これまで私は、たくさんの受験生、保護者の方と関わってきました。２０２２年まで在籍していた神奈川県の進学塾では、中学受験部門の統括責任者を任されていたため、毎年塾に通うすべての受験生と面談をし、保護者との進路相談やカウンセリング、講演会を担当してきました。関わった方々は、２万人以上にものぼり、現在も教育現場の最前線で指導をしています。

その経験から断言できるのは、「ずっと順風満帆で、困ることがまったくなかった」

という受験のケースは、一つもなかったということです。

塾のこと、成績のこと、友だち関係のこと、家庭のこと……。誰もがつまずき、悩んでいます。この本では、そうやって悩み、迷っているみなさんの手助けとなる100のヒントを紹介していきます。「こうすれば安心」という正解はありません。「保護者はこうあるべき」と縛られることなく、「こんな選択肢もあるのか」「こう考えることもできるのか」と、気になったところからお気軽に読んでみてください。

▼卒業生のお母さんからのお手紙

息子はこの春、大学に進学しました。首都圏ではない大学なので、家を出ることになりました。誰もいない息子の部屋を掃除するとき、洗濯機に入れる洗い物が少ないと気づいたとき、一人分少ない食事の準備をするときに、息子がいない日常を寂しく感じています。

息子の部屋には、中学・高校時代の部活のトロフィーや賞状と一緒に、中学の「合格証」も大事に額に入れて飾ってあります。この1枚の紙をもらうために、精神的にまだ幼かった息子と、受験生の親として未熟だった私たち家族は、右往左往しながらの数年間を過ごしました。

先生には、節目節目に親子ともども支えていただき、本当にありがとうございました。私は高校・大学しか受験を経験していませんが、息子の中学校合格は自分の合格の何倍も何倍もうれしかったできごとでした。

合格のときに、涙を流しながら抱き合ったことが今でも忘れられません（そして、息子と抱き合ったのはそのときが最後でした笑）。当時は、そんなことを思うことはできませんでしたが、今思えば母としての私の「第二の青春」だったような気がします。その青春を私にプレゼントしてくれた息子は、（最近はあまりしゃべってもくれなくなりましたが）やはり私の自慢です。

「第二の青春」、すばらしい言葉だと思います。

これまで、本当にたくさんの家族と、ともに歩みを進めてきました。その中で私が学んだことは、何物にもかえがたい、貴重な宝物です。この本が、みなさんが「後悔しない中学受験」を経験するための一助になれば幸いです。

もくじ

第2章

令和の中学受験常識

第3章

合格する親子の習慣

第4章 人間関係のコツ

第5章 家庭学習の工夫

第6章

保護者の心がまえ

第7章 志望校との向き合い方

第8章 学力を伸ばすためにできること

第9章 本番までの半年間をどう過ごすか

第10章 中学受験のお悩み相談

カバーデザイン●小口翔平・後藤司（tobufune）
本文デザイン●二ノ宮匡（ニクスインク）
カバーイラスト●山内庸資
DTP●茂呂田剛（エムアンドケイ）

第1章

中学受験をはじめる前に考えておきたいこと

1

「塾に通いたい」と言われたら

メンタルヘルスの世界では、「負荷が高くても、裁量の余地が大きければメンタルは壊れない」とされています。なぜなら、**「やらされている」勉強は、他人が思っているより負荷が高いからです。**


「塾に行きたい」と子どもに言われたとき、気をつけてほしいことがあります。

現実的には、（とくに低学年の）子どもが塾に行きたいと言う理由は「友だちも通っているから」「体験授業が楽しかったから」というものが多いと思います（「体験授業」は、塾が生徒を獲得するために、普段より楽しい授業をするということも忘れずに）。あとは、なんとなく「親は塾に入ってほしいんだろうな」と空気を読んで「がんばる」と答えてしまう優しい子もいるでしょう。

通うかどうかを決める際には、**「まだ子どもには判断できないだろう」**と思わずに、

塾に通ったときの生活をイメージさせたうえで、それでもチャレンジしたいか、つまり、受験を「自分ごと」にできるかをしっかり確認する必要があります。

「もし塾に入ったら、月・水・金は遊べないよ。ゲームをやる時間もなくなるかもしれない。でも、私立中学では○○もできるから、お母さんは、応援したいと思っているよ。せっかくやりはじめるならかんたんに投げ出してほしくないから、しっかりと相談しよう」と伝え、話し合いの時間を取るのがいいでしょう。

相談のとき気をつけてほしいのは、保護者の都合を押しつけないことです。

親子関係でよく見られますが、「あなたのため」という言葉が、たくさん出てきたら黄色信号です。

「あなたのためを思って言っている」という言葉の背景をよくよく考えると、本音は「親の言う通りになってほしい」だったりします。

厄介なことに、ときに保護者は盲目になり、押しつけを「親の愛」だと自分の中で美化して、正当化してしまう可能性もあります。

スイスの心理学者アリス・ミラーは「あなたのため」を「愛という名の暴力」と呼びましたが、この「愛」に偽装された親の「欲望」ほど、子どもをゆがめるものはありません。むしろ悪意のほうがまだ罪が軽いくらいです。なぜなら、自分に向けられた悪意に対して、人は拒絶や反発をする余地がありますが、「よかれと思って」と相手の善意によって向けられたものについては、拒絶も反発もしづらいからです。
そして子どもたちも「愛」だと感じるがゆえに、親に本当の気持ちを言えずにいるということになります。

大きなミスマッチを起こさないように、**私は、志望校を決める、習いごとをどうするか考える、転塾を検討するなどの大きな節目の際には、「家族会議」をしっかり開くことをおすすめしています。**

▼家族会議で学べたこと

先生からこの話を聞いて、毎月1回は家族会議をやることを決めました。
長女の受験には長男や次女の生活にも影響が出るので、家族全員が会議に出席することをルールにしました。議長は私で、発言するときには、思っていることを全部言っていいことと、途中で批判しないこともルールに加えました。家族の意見はぶつかるものですから、きちんと話し合う機会を作るというのは間違っていなかったと感じました。お互いの気持ちを尊重することも一緒に学べたような気もします。

子どもが塾へ行きたいと言い出したら、まずは、**一緒に学校見学（文化祭など）をして、思春期にどんな環境で人と触れ合えるか、元気に生活できそうかを肌で感じてみるのもよいでしょう。**

塾に入ってから学校見学をするというのが一般的ですが、行きたい学校を決めてから、その目的のために塾に通うという方法もおすすめです。

2

中学受験を「子どもの成長を喜ぶ機会」にする

中学受験を「子どもの成長を一緒に喜ぶ機会にする」と決めていると、壁にぶつかったときに迷うことが少なくなります。

一度中学受験の世界に入ると、「テストの点数」「順位」「偏差値」というインパクトの強い数字に追われ、肝心の「何のために中学受験をするのか」という原点を見失うことがあります。「塾にこのまま通わせてもいい？」「志望校はどうする？」「受験をやめようか？」といった、中学受験で必ずぶつかる壁を乗り越える際に役立つので、いつでもこの原点に立ち戻れるようにしておきましょう。

俵万智さんの短歌、とくにご自身が子育てをはじめられてからのものに、ハッとさせられます。子どもたちは、知らず知らずに、しかし確実に成長しています。

「5歳になったらひとりで寝る」という息子の目標を前にして、彼が3歳のころに詠まれたこんな短歌を、ふと思い出した。

してやれること　また一つ減りゆきて　子が殻をむく固ゆで玉子

▼父親の愛に感謝

反抗期のA子さんは、いつも仕事でいない父親のことを、あまり好きではありませんでした。ところが、父親のスマホの壁紙が自分の写真（「がんばれ」という下手くそな文字つき）になっているのを見つけ、不器用な父親の愛を知り、涙。自分のために働いてくれている親の姿に感謝したそうです。

子どもの成長に気づくには、**子どもの成長を過去と現在で比較し、評価すること**。そして、**短期ではなく、大きな時間軸で子どもの成長を見ること**がポイントです。「できなかった問題が解けるようになる」というのはもちろん、「逃げずに不安と戦おうとしている」「苦手な単元も果敢に挑戦している」など、わが子の心の成長も、一番そばで見届けてあげてください。

3

失敗から立ち上がる経験が人生の糧になる

子育ての最終的な目標の一つに、「親がこの世にいなくなったときに、一人でも生きていけること」があります。

「人生１００年時代」と言われます。今の小学生は22世紀を生きる可能性もありますが、まったく失敗しない人生などあり得ません。いろいろな失敗をしながら、一つひとつなんとか「やりくり」して、それらを乗り越えていく力をつけるというのが、「一人でも生きていける」ということなのではないでしょうか。

受験に向けて必死にがんばる子を見て、「子どもにこんなに大変なことをやらせるのは、かわいそうでは……?」と思うこともあるかもしれません。また、近所の方や親戚にそう言われてしまう場面もあるでしょう。しかし、考えてもみてください。たとえば、「模試でよい点数が取れない」という失敗は、誰にも迷惑がかからないものです。**大人になってからの失敗は他人に迷惑がかかるかもしれませんが、教室での失敗にリスクはありません。**

「人は、やらなかったことを最も後悔する」

コーネル大学の心理学教授、ティモシー・ギロヴィッチによれば、人は「失敗したこと」より「行動を起こさなかったこと」のほうを2倍後悔するそうです。

さらに人は、歳を重ねていくにつれ、いいことだけ覚えておいて、悪いことは忘れてしまう傾向にあります。こうしたことから、**単純に多くのことを経験すればするほど、年老いたときに幸福感が増し、武勇伝も増える**というわけです。

伝記を読んでいると、誰もが大きな挫折に直面し、それでもめげずに粘り強さを発揮し、知恵を絞って、なんとか「やりくり」をすることで成功を勝ち取っていることがわかります。

AＩなどの発展により、これからますます先の読めない時代になっていくのは間違いありませんし、人生において失敗を0にすることもできません。

失敗を恐れていたら前進できませんし、失敗するごとに落ち込んでいたら、よい人生は送れません。そんな時代に求められるのは、失敗への対処能力を高めることではないでしょうか。

受験生は、月に何本も模試があり、自分の得点・順位・偏差値が常に算出されるというシビアな世界で生きていきます。会社で月に何回も査定があったら、と想像すると、いかに厳しい環境かがわかりますね。**受験生は、そのような生活に身を置くことで、目には見えなくとも、日々たくましく成長していくものです。**

中学受験を「子どもがかわいそう」という理由でチャレンジするか迷っているのであれば、受験の経験を通して得られる「失敗をプラスに変えるパワー」の意義を考えてみてください。

4

「失敗はよくないもの」という先入観を外す

▼反省が足りない？

うちの子が塾から帰ってきてすぐ、模試の結果をうれしそうに報告に来たんです。期待して結果を見たところ、成績上位の子の名前にていねいにアンダーラインが引いてあって、「お母さん、○○ちゃん載ってるよ、すごいね！」って。友だちの名前が載っているのを、心から喜んでいるんです。もう少し、「自分もできるようにならなきゃ」って反省してくれるといいんですが……。

私はこの話を聞いたとき、感動し、そしてこう答えました。

「一緒にがんばっている友だちの結果を素直に喜べるお子さんは、すばらしいじゃないですか。大人だったら、なかなかそんな感情になれません。

それに、本当に仲がいい子が塾にいることは、必ずプラスに働きます。大人の目に見えない悩みでも、友だちがいることで救われている場面がたくさんあるものです。本人の成績が上がったとき、絶対にその友だちも喜んでくれますよ」

結果的に、その子と友だちは、見事、それぞれの第一志望に合格しました。

これからの時代は、自分が持っていない強みを持つ人たちとコラボレーションをして一つのチームになれる能力が大切です。その意味では、その子たちの未来は明るいでしょう。

「失敗を糧にできる」ということを22ページで紹介しましたが、**「失敗はよくないもの」という先入観を外していくことも大切です。**

私は国語の講師をしていますが、記述問題が苦手な子のうち、一定数が「答えに自信がないから書けない」と言います。「間違ってもいいから書いてごらん」「正解なんてないから、自分の意見を書けばいいんだよ」と伝えて、ようやく鉛筆が動きはじめるということがよくあります。これは、日本に蔓延している「失敗はよくないもの＝正解主義」の弊害だと思います。

「テストで点が取れなかったから、私はバカだ」

「こんなこともわからないなんてもうダメだ」

といったマイナスの感情の背景にあるのが、「正解主義」です。

「正解主義」が染みついていると、チャレンジを恐れるようになったり、視野が狭くなったり、人のことを認められなかったりと、子どもの成長にとっていいことはありません。

また、保護者が無意識に「正解主義」の価値観を持っていると、子どもは敏感に嗅ぎ取ります。間違った自分の解答を全部消しゴムで消すというタイプの子には、注意が必要です。

5

嫌なことから逃げずに向き合う力が伸びる

私の小さいときより、明らかに世の中が便利になりました。暑いと感じたらすぐにクーラーを入れることができ、甘いものが欲しいと思ったら何時でもコンビニに買いに行けます。

安全に夜中に出歩くことができるのも、海外では決して当たり前ではありません。日本は経済的に停滞しているともいわれますが、世界の中で考えてみると、豊かな国だというのは間違いありません。

便利な環境で暮らすからこそ、**中学受験を通して「我慢」を教えることができるのは大きなメリットだと思います。**

残念ながら世の中には、ものの言い方が乱暴な人もいれば、自分勝手でずうずうしい人もいます。自分と価値感が合わない人も当然います。会社でたまたま上司や先輩、あるいは部下がそのような人物であることは、珍しくありません（私のことを言っているわけではありません笑）。

いろいろな人と接するときに腹が立つことのあるのは当然です。しかし、どんなに腹が立っても、なんとか無難にやりくりができないと、生活は成り立ちません。

昔から自分と合わない人物（悪い人というより価値観が合わない人だと思いましょう）はいくらでもいたはずです。しかし、そこで我慢できずにキレてしまったり、大学や会社をやめてしまったりする人が増えていることを考えると、我慢を教える子育てや教育が足りていないのかもしれません。

もちろん、心身を壊しては元も子もありませんが、**中学受験を通して「嫌なことから逃げずに上手につきあう力をつけることができる」と思っておくと、視野を広く持つことができると思います**。

6

なぜ中学受験をするのか？

20ページでも触れたように、課題に直面したときに「なぜ中学受験するのか？」という原点に立ち戻ることで、解決の糸口が見えてくる場合が少なくありません。哲学者、安岡正篤さんの言葉をご紹介します。

大器晩成という言葉があるが、人は自然が晩成した大器だ。〈高等動物の中で〉一番後で作ることに成功した。まあ、大器といってよい。まさに大器晩成で、大自然という偉大な創造者が何十億年もかかってやっと作ったもの。だから、自然の法則は人間においても同じく、人間は、早成する、早く物になるということほど危ないことはない。人間もなるべく晩成がよい。まあ、死ぬ頃なんとか物になるというくらいの覚悟でぼつぼつやるがよい。

私は、大器晩成という四字熟語より、「大器は晩成す」という言葉のほうが好きです。逆説的に聞こえるかもしれませんが、**「後に大きく花を開かせるための土台づくりとして中学受験がある」という位置づけでよいと思っています。**

学校は主要教科を勉強するだけの場所ではありません。

以前、アムステルダムのゴッホ美術館に行ったとき、葛飾北斎のコーナーを訪れました。世界で最も有名な「波」の絵といわれている「神奈川沖浪裏《かながわおきなみうら》」と同じ形の波を、オックスフォード大学とエジンバラ大学の研究チームが再現することに成功したそうです。方向の異なる2つの波の交差を研究することで、海難事故を防ぐ方法が解明できるというものです。美術の世界から、人の命を救う方法が解明されるかもしれないというのは、ロマンがありますし、今はそういう時代なのだと思います。

私立中学には、美術や音楽などの「教養（リベラルアーツ）」に触れることができるという魅力もあります。最低限の教養は、外国の方とのコミュニケーションにも必須です。**目先の小さな成功ではなく、子どもたちの大きな未来をつかめるチャンスだと考えてもいいのではないでしょうか。**

7

中学受験と高校受験の違い

「中学受験をしたほうがよいか、それとも高校受験で十分なのか」という議論があります。

中学受験をすることには賛否両論があるでしょう。物事には、メリットとデメリットの両方があるので、完璧な正解はありません。ただしこの本は、中学入試を検討・決断されている方向けですので、中学受験のメリットのほうをいくつか説明します。

心理学者ジャン・ピアジェの学説によると、人間の論理的思考能力は10～11歳ぐらいまでに形成されるそうです。**小学生のうちに頭脳を鍛えておくことは思考能力の土台を作るうえでもとても重要なことである**、というのは忘れてはなりません。小学生の、頭がやわらかく吸収力のある時期は「ゴールデンエイジ」ともいわれます。

また、中学受験は、内申点などの影響も受けない公平なしくみでもあります。合否に関して、自分のがんばりがダイレクトに反映されるという意味では、高校入試よりもその要素は大きいでしょう。公立中高一貫校や一部の学校を除き、通知表（あゆみ）の提出もなくなりました（これはｗｅｂでの出願とも関係があります）。

高校入試のない環境で、部活を引退せずに続けられたり、反抗期に自分を見つめたりすることの意義は、非常に大きいでしょう。成長期には、「ゆとり」や「無駄」はどうしても必要になります。ましてや社会人になってから自分を見つめるような時間を作るのは、現実的には非常に難しいと実感しています。

日本の高校受験には、自分を見つめることが必要な生徒たちが、十分な時間を取れないという側面があります。反抗期には、ともすれば「誰であっても、大人の言うことはすべて聞きたくない」という状況になっている可能性もあり、受験に集中できないケースもあるでしょう。

さらに、部活動（とくに集団競技）をがんばっている生徒についても、入試に向けての受験の準備期間が確保できないため、不利に働くという要素もあります。高校受験で志望校を受けられなかった（公立高校を複数受けることは原則できないため）場合は、「行きたい学校を受けることすらできなかった」という後悔が残ることもあるかもしれません。

▼卒業生のお母さんからの話

小学校時代は、夜遅くまで塾通いで大変だと思っていました。しかし中学に入ったら、部活をやっていても下校時刻が厳密に決められていて、19時くらいには毎日、家に帰ってきています。

ちなみにうちの学校は、夏時間は18時、冬時間は17時半が完全下校です。遠方から通ってくる生徒が多いためにそういうしくみになっていると聞きました。

中学・高校時代に、家族で夕食を食べられるというメリットはとても大きいと思います。

8

「勉強ができること」がすべてじゃない

「勝ち組、負け組」という嫌な言葉がはやった時期がありましたが、「○○くんよりクラスが上だったから勝ち」「難関校に合格したら勝ち」といった**「勝ち負け論」を持ち込み、その価値観を子どもが持つようでは、受験をする弊害のほうが大きくなってしまいます。**

曽野綾子さんの書籍の言葉をご紹介します。

頭のいいことだけが力ではない。愛嬌のいいことも、陽気なことも、歌が上手いことも、ダンスのセンスが並みはずれてあることも、力持ちなことも、いざという時に落ち着いていることも、すべて力である。

中でもすばらしいと思うのは、苦しみに耐える力と、人を許す心である。つい先日、二十四年間、腎臓を患い、二十二年前から透析を続け、十年前から全盲になり、体も半身動かない寝た切りになりながら、運命を呪ったこともない元自衛隊員の話を聞いた。奥さんの方が病人のご主人を掴まえて、愚痴を零すのだと言われたが、ご主人はいつも明るく、看護婦さんの間で人気者だという。そういうことができるのが、ほんとうの勇気であり力なのだろう。

『悪の認識と死の教え―私の実感的教育論』（青萠堂）より

「七転び八起き」という言葉をそのまま読むと、7回転んだのだから、7回起きればよいということになります。なぜ、1回多い「八起き」なのでしょうか。人間は、生まれてすぐには歩けません。ハイハイをして、立ち上がる準備をし、そして、保護者の支えを借りて、ようやく自分の足で立つことができるのです。つまり、生まれて最初に立ったときを「一起き」と数えるので「八起き」なのです。

人は自分だけの力では生きていけません。「七転び八起き」にはまわりの助けがあって生きていけるという意味が込められているそうです（諸説あり）。**まわりの助けが**

あって生きられているということを理解し、精神的に成長できるというのであれば、それは「勝ち」と言えるかもしれません。

▼受験を終えたばかりのお母さんからのメッセージ

幼稚園はもちろん、小学校2年生まで私が学校まで送ってあげないとダメな子でした。そんな子が、さっき受験会場の中に一人で入っていき、4教科の試験と戦ってくることができました。

合否はこれからですが、親としてはその姿を見て成長したなあと涙が出てきました。本人はいつの間にかたくましくなったんですね。先生、幼いわが子と気弱な母親を第一志望の会場までたどりつかせていただき、本当にありがとうございました。

結果は無事合格でした。こうやって生徒それぞれの成長の軌跡を見ることができるのが、中学受験の醍醐味の一つです。

9

中学受験で学力以外に身につくこと

受験勉強は、学力はもちろん、人間的な成長をもたらす絶好の機会だと、この本では繰り返し述べています。もうしばらくおつきあいください。

目先の大学入試改革よりも、「日本の未来」のほうがはるかに不安です。30年前に、今の日本の様子を正確に予測できた人は、はたしていたでしょうか。いつの時代も、「これを勉強しておけば心配ない」という確実なものはなく、教育は常に試行錯誤の繰り返しです。

また、社会に出ても勉強は続きますし、多くの仕事はマニュアル化されていません。かんたんに文章化できないようなノウハウが、その仕事の核となっていることが多いものです。

同じく**人間関係においても、「こうすれば必ずうまくいく」という答えはありませ**

ん。だから、いろいろな試練を通して、学力以外の力を身につける必要があるのです。

勉強することで成長するものの一つに「思いやりの力」があります。ある程度の年齢になったら、自分が勝ったときに、敗れた敗者のことを思いやる余裕を持てるようになりたいものです。「勝つことよりも尊いものがある」と知っている人は、とても立派です。

今は、合格発表が掲示板に貼り出されることは少なくなっていますが、ひと昔前まで、私は生徒にこう伝えていました。

「自分の合格がわかっても、掲示板の前で『やった〜』と叫んだり、飛び上がって喜ぶような真似はしないように。校門を出てから、誰もいないことを確認して喜びを噛み締めよう」

隣で涙を流している人のことを配慮できる受験生であってほしい、と心から願っています。

第2章

令和の中学受験常識

10

低学年から塾に通わせたほうがいい？

子どもが2～3年生になると、塾や成績の話はまるで「今日はいい天気ですね」「最近○○が値上がりしたらしいよ」のように身近な井戸端会議のネタになっています。

「○○さんのところは、もう体験学習に行ったって」
「○○塾に入らないと、やっぱり難関校は無理らしいよ」
「○○くんは△△コースになったんだって」

そういう話を聞いていると、「早く塾に通わせなきゃ」と思ってしまうのも理解できます。しかし、「塾に行っている」「実績のよい塾に通わせている」と保護者が安心感を得たいだけの場合もあるかもしれないと、いったん立ち止まって考えてもいいのではないでしょうか。

ここでは、低学年からの塾通いを考える際に注意すべきことを4つご紹介します。

1つめは、集団塾に通う場合、**クラス、順位や偏差値という競争が当たり前のことになると覚悟すること**と、**競争することが好きではない、得意ではない子どもは一定数いると理解しておくこと**です。

2つめは、低学年からの塾通いに慣れ、目先の成績にこだわるあまり、**点数につながることしかやらなくなる可能性があること**です。

子どもから「まだ習ってない」「先生が教えてくれない」などの言葉が出てきたら要注意です。「わからないから自分で調べてみよう」「できるところまではやってみよう」という姿勢は、生涯学び続けるためにも大事です。

3つめは、**「言われたことだけやればいい」「理科・社会は暗記すればいい」という誤った勉強のやり方が定着しないようにすることです**。これは、勉強の難度が上がる5年生の秋くらいから弊害となって表れてきます。

直前の模試の対策ばかりに目が行き、「調べることが好き」「興味を持ったことにはとことんこだわる」といった子どもの好奇心をなくしてしまわないようにしなくてはなりません。

最後は、**低学年のうちから塾に入って成績がよかった場合に、「自分は他の子より優れている」という間違った優越感を持つこと**です。

早熟な子などは、低学年の時期に努力しないでも点数が取れることがありますが、学年が上がって成績が落ちたころに「今はまだ本気じゃないだけで、やればすぐに追いつく」という言い訳をはじめたら危険信号です。

受験後に「私はやればできるのに、やらなかっただけなんだよね〜」という解釈をしてしまうと、高校入試でも大学入試でも同じ失敗をする可能性があります。

厳しいことも書きましたが、**子どもがまだ乗り気でない場合や、どんな学校に進学させたいのかというイメージが固まっていない場合は、中学受験をすることの目的や意義を家族で共有していくことを最優先に考えていきましょう。**

11

塾選びに役立つ最新情報①

中学受験塾は、その成り立ちから数十年が経ち、今は成熟期となっています。生き残っている塾はどこもすばらしく、それぞれ独自の特長とカリキュラム、ターゲット層を武器にしていると思います。

しかし、「どんな子でも通うだけで成績が上がる」という魔法のような塾はありません。「万人に受け入れられる塾もなければ、万人に悪い塾もない」ということです。だとすれば、「わが子に合っている塾を探そう」という塾研究が必要です。

塾選びは「学校選び」と同じ考え方をするのが正解です。

通塾時間が短い・近い塾もいいですが、距離が遠くても通わせる価値がある塾も存在します。友だちが多い塾もいいでしょうし、一人で通う塾にもメリットがあるでしょう。授業時間の長い・短いも、それぞれ一長一短です。

コロナ禍を経て、個別指導、家庭教師を含めた指導形態も大きく多様化しています。私立中学・高校の先生たちからは「オンラインのほうが伸びる子と、リアルのほうが伸びる子の2つに分かれる」という声も複数聞きました。在宅勤務が定着していることを考えると、対面式の集団塾通いは本当に必須なのか、見直していい時期がきているのかもしれません。

大手塾には、長年培ってきた膨大な経験値やデータなどのスケールメリットがあり、安心感もあるのも事実です。しかし、**「○○でなければ、中学受験の対応は絶対無理」という時代は変わりつつあるとも感じています**。

塾というベルトコンベアーに乗る前に、改めて子どもと向き合う時間を取りましょう。個人的には、志望校が一人ひとり違うのだから、塾も勉強法も違ってよいと思っています。山登りでいえば、山頂への登り方は何通りもあってよいのです。

また、**SNSなどの評判に惑わされないことも大事です**。毎年入試が終わってから行われる塾の入試分析会に出席して「○○塾の合格率と分析力はすごそうだから、ここに決めよう」という人もいますが、それは出そうな問題がもれなくテキストに含まれているからです（必ずしも全員がその問題を扱ったというわけではありません）。

ここからは私個人の意見ですが、講習、特訓を「絶対に受けないとダメだ」という塾の営業が強すぎることには違和感を覚えます。最近は、「抱え込みすぎる＝拘束時間が長すぎる」塾が増えてきているようにも感じます。

学校の個性や多様性に魅力を感じて中学受験を選択する家族が多いにもかかわらず、結局は「管理型」になっていることに矛盾を感じます。オプション講座などは「みんなが申し込んでいるから申し込もう」となりがちなのもわかりますが、あくまでも**主役は子ども、主導権は家庭であるべきです。その前提で、塾や講師と本音でつきあっていくことが大切だと思います。**

12

塾選びに役立つ最新情報②

多様化が加速する令和時代の中学受験塾を、もう少し詳しく説明してみましょう。

「孟母三遷《もうぼさんせん》の教え」という言葉がありますが、子どもにとってよりよい教育環境を探して保護者が努力するのは、大変すばらしいことです。しかし、「自分が満足する医師が見つかるまで探し歩く（ドクター・ジプシーというそうです）」というようなことがないように、どこかで「ご縁」を感じた塾を選びたいものです。

塾に入ったけど、成績が上がらないから別の塾に移り、またうまくいかないから別の塾に、というふうに塾を渡り歩く人のことも「塾ジプシー」という言葉で表現したりしますが、こうした人の成功例は少ないのではないでしょうか（塾の体験授業を、普段は登場しないエース講師が担当するというのも、塾選びを難しくする要素になると覚えておきましょう）。

先述の通り、オンラインで指導を行う塾や家庭教師も目立つようになりました。通塾の時間がかからなくてすむ、感染症などの心配が少ないといったメリットから選んでいる家庭が多いようです。

せっかく塾が多様化しているのですから、**「自分の子ども時代からある有名な塾だから安心だろう」とか「合格実績が高いから」「近所の子も通っているから」などの理由だけで、なんとなく塾選びをしてしまうのは、もったいないと思います。**

たとえば、オンライン指導の場合は、経験豊富な講師の授業が、全国どこにいても受講することができます。まずは、先入観なく情報を収集して、お子さんに合った塾はどこなのかを考えていきましょう。

どの塾を選んだとしても、使っている教材やシステムなどは、数ある選択肢の一つにすぎません。**慎重な塾選びこそが、中学受験をスタートするうえでの第一歩です。**

大まかなタイプ別の塾の特徴は、次のページの通りです。

家庭教師・オンライン家庭教師

●メリット

・優秀な講師を指名して選ぶことができる
・お弁当を作る手間がない
・移動の時間がかからない

●デメリット

・４教科に対応できる講師が少ない
・優秀な講師は限られているため、頼むことそのものが難しい。また、料金が割高になる

通信添削

●メリット

・一人ひとりに合ったペースで進められる
・教材のみであれば、非常に安価
・習いごととの両立がしやすい

●デメリット

・できない問題に当たったときに、保護者では教えられない
・自分のペースでやっていると、入試までに間に合わないケースが出てくる
・競争する友だちがいないため、モチベーションの維持が難しい

大手塾

●メリット

・カリキュラム・教材・情報面がしっかりしている
・母集団が多く、模試によって全体の中の位置を把握しやすい

●デメリット

・成績別でクラス編成をしているので、競争するのが苦手な子には向かない
・カリキュラムの進度が合わない場合に、ついていけなくなる

中規模塾

●メリット

・講師の入れ替わりが少なく、面倒見がよい
・少人数制のところが多いため、子どもに目が届きやすい

●デメリット

・塾が得意とする学校が偏っていることがある。また、地域外にある学校の情報やノウハウが少ない
・講師の数が少ないため、子どもと合わない講師が担当になることもある

個別指導塾

●メリット

・時間の都合をつけやすいので、他の習いごとも続けやすい
・１対１や１対２のところが多く、質問がしやすい

●デメリット

・料金が集団塾より割高になる
・大学生の講師なども多く、当たり外れが大きい

他にもチェックしておきたいポイントがいくつかあります。

通常授業以外の費用がどれくらいかかるかも調べておきましょう。また、家庭学習についても、宿題がそれほど出ない塾と、かなりの量が出る塾もあります。**保護者が宿題をどれだけ見る余裕があるのか、習いごとはいつまで続けるのかなどの状況に合わせて考えてみてください。**

また、お弁当が必要なのか、そうでないかというのは大きな要素です。家庭によっては、塾の送り迎えができないということもあるでしょう。4年生のときは大丈夫だったけど、6年生からは通塾する曜日が増えて大変になってしまった、という声も聞かれます。

塾に通いだすと、本人だけではなく家族の日常生活にも少なからず影響が出るので、実際に通った場合のシミュレーションをしておくことをおすすめします。

13 塾を変えるか迷ったときは

「入塾したけれど、思ったより成績が伸びない」というケースが出てきます。逆に、成績が伸びてきたので、難関中に強い塾に転塾しようかと迷うケースもあります。転塾の時期としては、6年生に上がるタイミング（中学受験塾では、2月）が多いようです。

ただし、それぞれの塾に決まったカリキュラムがあるので、勉強していない単元や、重複して勉強する単元がどうしても出てきます。また、塾の先生やクラスの他の生徒と打ちとけるまでには、時間と労力がかかることを忘れてはなりません。

選択肢の一つとして、**塾そのものを変えてしまうのではなく、個別指導や家庭教師などと併用していくという方法もあわせて考えていきましょう。**先生との人間関係や、今まで慣れてきた宿題のやり方などが急に変わるのも、大きな負担となります。

後悔しない転塾をするためには、まず、**通っている塾の先生に、継続して通い続けることのメリットとデメリットについて、本音で相談することです**。半年以上、その塾に通っているのであれば、相性などがよい部分がきっとあるはずです。そのうえで、転塾候補となる塾の先生としっかり意見交換や情報交換をして、可能であれば体験授業や授業参観をさせてもらうようにしましょう。

転塾は、急な成績の低下や入試までの時間が迫ってくるという焦りから、保護者が「このままで大丈夫だろうか？」という不安に駆られ冷静さを失ってしまうケースも少なくありません。最終的には、保護者主導で決めてしまうのではなく、必ず子どもの気持ちを確認して、話を進めるのが一番大事だと思います。

14

上手な塾とのつきあい方

塾選びをしているとき、すべての塾で体験授業を受けることは不可能です。また、体験授業のときの先生と、実際に習う先生が違うこともありますし、大手塾では慣れ親しんだ先生が別の教室に異動することだって珍しくありません。

ですから、「どの塾がいいか」という視点ももちろん必要ですが、**「塾の先生とコミュニケーションを上手にとり、通っている塾の潜在能力を十分に活用する」という視点のほうが大切になってきます。**

保護者の手をわずらわせずに勉強し続けられるような成熟度の高い小学生は、ほんの一握りです。だからこそ、**塾、または、経験値の高い家庭教師や個別指導の先生は、適切なアドバイザーかつペースメーカーとして役割を果たしてくれます。**相談料は、授業料に含まれていると考えましょう。

具体例をご紹介します。

中学受験あるあるの一つに、「塾通いをはじめると、算数の宿題が終わらなくて困る」というものがあります。**「宿題が多いから塾は嫌い」「宿題が終わっていないから塾に行きたくない」「その科目は苦手だからやりたくない」という悪循環では、長期間の受験勉強を乗り切ることはできません。**

もともと塾の宿題は、個々に合わせたものではなく、「次の模試のためにやってほしい理想量」が提示されます。塾で長時間拘束された子どもはかなり疲れていますし、とくに入塾したての場合、そもそもの勉強の仕方すらわからないことが多く、出された宿題を全教科まんべんなくこなすのは難しいでしょう。

宿題に膨大な時間がかかって他の教科まで手がまわらない、というときには、ぜひ相談を持ちかけましょう。

嫌がる子どもの尻を叩いて無理させるより、まずは**担当の先生や教室長に現状を伝え、アドバイスをもらいましょう**。そのとき、「先生が忙しそうだから」と遠慮する必要はありません。もちろん、授業中や授業の前後に電話をする、毎日電話をする、長時間電話をするというのは長期的に見てもNGですが、先生にとっても「生徒の課題」を早めに把握できるのは、とても助かることです。

真面目な子どもは、「宿題をやらないと怒られる」という先入観もあるので、ぜひ、みなさんから働きかけてみてください。

また、**スムーズにコミュニケーションをとるためにも、先生とは相談しやすい人間関係を作っておきましょう**。といっても、送り迎えのときに笑顔で挨拶するなどで十分です。差し入れなども、気にする必要はまったくありません。

先生には、「子どもの成長のためにともにがんばる味方」という感覚で接するといいでしょう。

最後に、塾のクラス替えについて知っておいてほしいことをお伝えします。

通常、模試での成績が上がると、より上位のクラスで授業を受けることになります。子どもにとっても、クラスアップは大きなモチベーションになります。

しかし、子どもの基礎が固まっていない場合、クラスアップすることで成績が下がることもあります。**上位クラスでは、「これくらいのスピードでみんなついていける」「基本はわかっている」というスタンスで授業が進んでいきます。**

志望校が基礎的な問題を中心に出題してくる場合、むしろ上位のクラスではないほうがいいこともあります。これも、**子どもが自分で判断することが難しく、本人のプライドが関係することもあるので、保護者が主導で塾とやりとりをしていくのがよいでしょう。**あくまで目標は、模試結果の向上やクラスアップではなく、志望校の合格です。

15

保護者の価値観はアップデートできている？

昭和の時代、体育系の部活では「水を飲むとバテてしまう」「足腰を鍛えるにはうさぎ跳び」などと言われていましたが、現在ではそれらは間違いだとわかっています。それと同じように、**はちまきを締めて机にかじりついて、死に物狂いで勉強するというのが正しい受験生の姿、という価値観は、言うまでもなく時代遅れです。**

「ゲームをしていると、成績が伸びないだけでなく脳にも悪影響がある」と言われていた時代もありました。しかし、ゲーム「マインクラフト」などは世界中の教育現場で幅広く活用されています。私立中学でも授業で実際に使っているところがあります。ＣｈａｔＧＰＴが話題ですが、いずれもこれも教育の現場に取り入れられることでしょう。

とくに保護者が中学受験経験者の場合、自分が小学生のときの勉強方法を子どもに

要求しないよう心がけなくてはなりません。

最新の脳科学では、学習にコラボレーションが重要なことがわかってきています。私たちの生活は、他人との会話や共同作業、つまりコラボレーションであふれています。会社の会議に置きかえると、誰もしゃべらないシーンとした会議と、笑いがありつつも活発な発言がある会議とでは、どちらが生産性の高い会議か、言わずもがなでしょう。

実は塾でも、授業中は上位クラスのほうがうるさいものです。シーンとした教室で鉛筆の音しか聞こえない授業は、先生が怖くて言うことを聞いているだけなのです。

「ライバルの○○君に負けたくないの？」という声かけも、今の時代にははやりません。そもそも、競争心だけでがんばり続けられるほど、子どもたちは強くありません。「欲しがりません勝つまでは」という標語のような根性論ではなく、「わからないことがわかるようになることが楽しい」という境地を目標にしたいものです。

16

気になる入試のキーワード

「最近の中学入試問題が求めている学力って？」

教科横断型や思考力型のような入試問題は、実は何十年も前から出題されています。大学入試改革の影響もありますが、世の中の変化に合わせた問題になっているというのが正確です。その意味では、**私立中学が求めている生徒の本質「＝自分で考えて自分の言葉で表現できる」という部分は、変わっていません。**

「新傾向入試って、そもそもどんな入試なの？」

大学入試の形態が多様化しているように、中学入試も4教科や2教科だけではなく、プログラミング入試やプレゼンテーション入試などの形態が、ここ数年で爆発的に増えています。そうした形態が大きく広がらないのは、まだまだ、情報が認知されていないことと大手塾が指導に対応しきれないことの2点があるからでしょう。

自分の得意なこと、好きなことを利用して合格できるというのは、大きな魅力です。ただし、通常の入試で入学する生徒と学力差があるため、入学後にフォローがあるかどうかは調べておく必要があります。

帰国子女枠の入試を古くから行っている学校や、小学校を併設している学校は、内部生と外部生の学力差に対応してきた実績があり、安心できるところが多いです。

「公立中高一貫校と、私立中学の勉強は両立できるの？」

近年では、公立中高一貫校の倍率の高さから、合格のためには数年間の塾通いが必須となっているのが現実です。

せっかく受験勉強をがんばったから、と、2月1日、2日に私立を受けてみようという層は増えてきています。反対に、私立の勉強をしている生徒が2月3日（公立校の受験日）に公立へチャレンジしているのも事実です。公立対策の3本柱は、「記述」と「資料の読み取り」、「図形」ですが、私立入試においても重要なポイントであることは変わりません。とはいえ、負担が増えることと、本人との相性を考えたうえで、塾に相談してみましょう。最初から「無理」と決めつけるのは、機会の損失です。

第3章

合格する親子の習慣

17

「やる気」に頼らず勉強を習慣化する

「塾の小テストが空欄ばかりで頭を抱えました」
「勉強中、子どもが麦茶を飲みにきただけでイライラしてしまいます」
「こっそりノートを見てみたら、落書きばかりで情けなくなって……」

いつまでも宿題をやらない、机に向かわないわが子の様子を見てなげき、成績が悪くても他人事のような表情を見ると、「この子は受験に向いていないのでは？」という気持ちにもなります。しかし、順位や偏差値を見て奮い立ち、やる気を出せる生徒なんて、ほんの一握り。いても、保護者の前だけの演技だったりします（たまに、演技派の子役がいるので要注意です）。

中学受験は長期間の戦いになります。

子どものやる気のあるなしを気にするより、お風呂に入る、歯を磨くといったことと同じように、勉強を習慣化してしまうのが最強です。最初は、朝ごはんまでの20分、お風呂の前の15分など、負担にならないくらいの時間で1日の予定に組み込むくらいでよいでしょう。

保護者としても、やる気がない子に「きちんとしなさい」「早くやりなさい」と叱るよりも、学習習慣を作り、環境を整えるという視点を持ったほうが、建設的ですし、ストレスが減るはずです。

勉強を習慣化するといっても、そうかんたんではありません。3歩進んで2歩下がるくらいの地道な進歩です。しかし、長い目でとらえると、学習習慣をつけるということは一生の財産になります。焦らず、勉強の習慣化を中学受験の最終的な目的の一つにしてもよいのではないでしょうか。

18

「ほめて伸ばす」の鉄則

長年の経験から思うのは、子どもには「ほめて育てる」と「本気で一喝」の二刀流で接するのが正解だということ。「本気で一喝」は153ページで述べるとして、子どもをなかなかほめられないという場合におすすめの方法をお伝えします。

まずは、**保護者が子どもの様子をプラスにとらえる「習慣」をつけること**。とくに、マイナスの言葉が出そうになったときには、次のように楽しみながらプラスの言葉に言いかえることが大切です。

- 「性格が暗い」→「落ち着きがある」「大人びている」
- 「うるさい」→「元気がいい」「ボキャブラリーが豊富」
- 「幼稚」→「純粋な気持ちを忘れていない」「子どもらしい」
- 「三日坊主」→「三日間も集中して物事に取り組むことができる」
- 「行動が遅い」→「しっかりと考えてから行動できる」

・「せっかち」→「行動力がある」「時間に敏感」

「子育てのポイントは何ですか?」という質問に、ミッション系の学校では、「マリアさまがイエスを育てたのと同じように、子どもを育てること」と答えます。

聖母マリアは、イエスを神の授かりものとして身ごもり、育てたのであって、決して自分の子どもとして扱わなかっただろうと想像するからです。子育てでは、このように子どもを他者として認識することが大切です。そうすれば、「子どものためを思って」という一方的な押しつけは行われないですし、**「この子はどんな子?」という自然な関心がわいて、じっくり観察して子どものいいところを見つけられるはずです。**

最後に、私のおすすめの「ボージョレヌーボー的ほめ言葉」を紹介します。

・赤ちゃんのとき=100年に一度のかわいさ
・幼稚園・保育園のとき=いまだかつてない愛嬌のよさ
・小学生のとき=かわいさと賢さが際立つ出来のよさ
・受験前=今世紀最高のがんばり屋

19

「正解主義」ではなく「修正主義」で向き合う

「がんばれと言ったのも、がんばらなくていいよと言ったのもあなたでした」

これは、中学受験を見事に表した言葉です。

保護者のみなさんは、がんばって成功してほしいという気持ちと、こんなに大変ならやめさせたほうがよいのでは、という気持ちの葛藤の中で日々を過ごしているのではないでしょうか。

「がんばってほしい」も、「がんばらなくていい」も、どちらもその状況においては正解です。この本の中にも、いろいろな事例が登場するため、ときには内容が矛盾していると思われるかもしれません。しかしそれは、絶対的に正しい方法論などはなく、むしろ葛藤の中にこそ正解があることの表れともいえます。

66ページで述べた通り、この本では「子どもをプラス思考でとらえる」というスタンスで筆を進めています。

しかし、ほめてばかりでは成功しないかもしれないし、ほめることにより油断して失敗することだって、ないとは限りません。

逆に、叱ったほうが成功するかもしれませんし、叱ることでモチベーションをなくして失敗することも当然あるでしょう。自分の子どもがどちらのタイプに近いか、今はどちらの手法を選んだほうがいいか、と常に探るスタンスでいることが大切です。それには、**ほめてみたり、ときには叱ってみたりして、子どもの反応を観察し、また結果を分析してみてください**。子どもは千差万別ですし、時期によって、受け止め方も変わってきます。

まとめると、「正解主義」ではなく「修正主義」でいくことです。そのためにも、子どもとは密にコミュニケーションをとることをおすすめします。

20 まずは鞄の整理整頓から

塾の鞄の厚さ（重さ）と学力が反比例するというのは、私の持論です。**学力の高い子は、鞄や筆箱、机のまわりが整理整頓されているものです。**自己管理ができていると、自然と身のまわりに無駄なものがなくなるからでしょう。

塾では、机と机の間に鞄を置きっぱなしにする生徒に注意をします。「となりの人のことを考えられていない人が、読解で登場人物の心情がわかるわけがない」と伝えています。まわりに気を配れる子は、テストでも細かい部分にまで注意を払うことができて、ミスが少ないと感じます。

プリントや文房具がぐちゃぐちゃに突っ込まれた鞄を見たときも、「君たちの頭の中と同じだ」と伝えています。**アコーディオン状の保護者向けプリントが鞄から出て**

くる生徒は、おそらく家庭でのコミュニケーションも成り立っていません。鞄の整理はついついやってあげたくなりますが、自分のことは自分でできるようにしないと、いつまでたってもできるようにはなりません。

▼勉強合宿のときのエピソード

生徒「何か胸が苦しくて気分が悪い。ちょっと休んでいてもいいですか?」
私「ちょっとトイレに行ってみたら。きっとよくなると思うよ」
トイレから帰ってきた生徒が一言。
生徒「先生! やっぱり大丈夫でした」
なぜその子の調子がよくなったかというと、トイレの鏡を見てTシャツを反対に着ていたことがわかったから。首が絞まって苦しかった、というオチでした。

子どものためを思って、荷物は保護者が準備したのでしょう。こうした荷物の準備を自分で行う習慣をつけるのも、整理整頓の練習になります。

21

お手伝いで時間管理能力と決断力を伸ばす

生徒たちに「家のお手伝いは何をしているの？」と聞くことがあります。「食べたものをシンクに持っていく」「洗濯物を取り込む（「たたむ」じゃありません笑）」「ゴミを捨てに行く」がベスト3でしょうか。

ゴミを捨てに行くのは、たいてい、分別してゴミ袋に入れるまでは保護者の仕事のようですね。「お風呂を沸かす」と言った生徒がいましたが、多分スイッチを押しただけで、薪を取りに行ったりはしていないはずです。「沸かす」に対抗して「お風呂の栓を抜く」と応えた強者もいました。

実はお手伝いは「時間を有効活用することがさまざまな場面で役立つ」ことを教える絶好のチャンスです。

お小遣いのやりくりと同じです。計画性のある子は決められたお小遣いの中で、上手にやりくりしています。欲しいゲームを買うために、好きな漫画を我慢したりもするでしょう。**時間管理も同じで、教材をいつも手に届く場所に置くなど、工夫すればもっとたくさん時間が使えることが体感できると、大いなる成長といえます。**

部屋や机の片づけの効果の一つに、自分の判断に自信が持てるようになることがあります。

片づけるときには、モノを自分で捨てる・捨てないの判断をするしかないので、自然と決断力が磨かれて、自信がついてくるといわれています。ゴミ屋敷に住んでいるのは、捨てるという決断を諦めた人たちです。ですから、片づけを先回りして保護者がやってしまうと、子どもの決断力を養う機会を逃している、ともいえるのです。

さまざまなお手伝いを通して、子どもの時間管理能力と決断力を伸ばしてあげてください。また、よくできたときの「ありがとう」は、家族の関係をあたたかくします。

22

ゲームや漫画・スマホのルール

保護者は、「どうしても勉強してほしい」が前提にあるため、子どもが遊んでいる時間が短時間でも気になるものですが、息抜きとしてゲームや好きなことをする時間も絶対に必要です。厳しく制限することは、隠れてこっそりゲームをする行動につながりやすくなります（隠れてやるゲームのほうが夢中になりやすいので、やっかいです）。**全面禁止にするのではなく、宿題やお手伝いのあとにやっていい、などのルールにしたほうが健全です。**

また、漫画は、「感情移入できるのでＯＫ。学習漫画だとさらによし」と考えていいでしょう。最近は学習漫画でも今風のイラストが増えましたが、内容はしっかりとしているものが少なくありません。受験にも十分に対応できるものが増えています。

ただし、スマートフォンの使い方だけは、注意が必要です。

安全管理上、スマホやキッズ携帯を子どもに使わせている家庭も増えています。**スマホを与える場合には、「やってはいけないこと」を先に決めておきましょう。**

朝日小学生新聞の記事で、子どもにスマホやタブレットを上手に使わせるために、「充電器を1週間に1回しか貸さない」という方法が紹介されていました。お小遣いと同じく、計画的に使うことを学べるすばらしいやり方です。もちろん、利用時間を守る、個人情報は載せない、人の悪口や噂や不安を書かない、など、ルールを設定することは、トラブル防止のためにも大切です。

▼「この犬かわいくない」が生んだスマホトラブル

ある生徒が親友のAちゃんに飼い犬の写真を送ったら、「この犬かわいくない」という返信が来て勉強に手がつかなくなり、楽しみだった修学旅行も全然楽しめませんでした。

相談にきたその生徒に「Aちゃんとしっかり話をしてみなよ」とアドバイスしたところ、すぐに解決。本当は「この犬かわいくない？」という、ポジティブな返信だったということがわかったそうです。

日本語は難しいものです。文章だけで気持ちを伝え合うことは、人生経験の未熟な小学生同士では非常に困難です。受験が近くなったら、スマホで友だち同士でやりとりをするのは、原則禁止にするのもよいかと思います。

最後に、ゲームや漫画、スマホについて、注意しておきたいことをお伝えします。一度失われてしまった集中力がもとに戻るまでにかかる時間は、20～30分だそうです。**勉強の途中でゲームをしたり、スマホをいじったりしたら、回復までに無駄な時間がかかってしまうため。「いつやるか」も大事なポイントです。**

23

家族を笑顔にするのがお父さんの役割

お父さんの一番の役割は、子どもの勉強を見てあげることではなく、家族を笑顔にする役割を演じることだと思います。まず、**お母さんとのコミュニケーションをしっかりととることです。また、ときには「ありがとう」という言葉でねぎらうことができたら最高です**（日本人は、言わなくても伝わるだろうと思いがちです）。

家族みんながホッとする場が、家庭であるべきです。とくに入試の直前期には、子どものそばにいて、勉強だけでなく健康管理でもヘトヘトなお母さんをお父さんがしっかり支えることで、お子さんのメンタルも安定します。

ちなみに、この項目では便宜上、一般的な父親・母親の役割で分けていますが、子どものそばにいる時間が多い人（ここではお母さんと仮定しています）のほうが物理的にも精神的にも大変だという前提で話を進めています。

休みの日には、博物館や科学館に行くなど、**机上での勉強以外の体験を、お父さんが企画するのもよいでしょう**。そして、どこかに子どもを連れ出すときは、お父さん自身がおもしろがることが大切です。子どもが博物館をまわっているのに、お父さんが座ってスマホをいじっているというのは、好奇心も楽しさも半減してしまいます。どんなことでも学びの入り口になるので、その瞬間を大切にしてください。

また、仕事で忙しいお父さんのほうが、一歩引いた視点で物事を見ることができ、客観的な判断ができることもあります。

医療の分野ではセカンドオピニオンが大切だとされますが、受験でも、お母さんとは別の視点を持ったお父さんの意見をすり合わせることで、大きく失敗することが少なくなります。

世の中の厳しさを日夜感じているお父さんであれば「中学受験での成功と社会の成功に因果関係などない」「学歴よりももっと大事なものがある」「能力が高いだけの人よりも一生懸命な人が勝つ」という言葉にも、重みが出てきます。**日々、目先のことに追われたり、将来のためのことを考えられなくなったりする事態から脱却できま**

す。

一生懸命になるあまり、子どもの成績が自分への評価であるかのように考えてしまうのが中学受験の怖さです。過去にも、保護者にプレッシャーがかかってまわりが見えなくなるケースには、成績が伸びない子どもを追い詰めるように「勉強の量」で対処しようとする共通点がありました。

お母さんは塾にお迎えに行って貼り出される成績表を見るなど、つい他の子と自分の子を比較したり、子どもの成績の上下に一喜一憂したりしてしまう、ということが起こりがちです。お父さんは、**家族みんなが安心して受験に向かえるように状況を冷静に整理してください。**

24

心も体も元気にする運動の習慣

受験生は一般的に、運動不足になりがちではないかと思います。しかし、成長期どまん中である子どもたちにとって、健康であることは最優先にすべきです。

「入試前に休むわけにはいきません」「体調が悪いのですが、授業は休ませたくありません」と保護者から連絡がくることがあります。

気持ちはわかりますが、健康第一です。**「一回の授業でも、休むと合格できないかも」という強迫観念を抱いたまま受験に向かうことのほうが、合格から遠ざかる原因となります**。まずは、親子で心身ともに健康でいられるよう、ちょっとした運動の習慣を心がけましょう。

心と体の相互関係を取り扱う心身医療の分野では、心の健康は運動とおおいに関係するという研究結果が次々と発表されています。

デューク大学医学部は、うつ病と診断された患者の大半にとって、週3回、1回30分の運動が抗うつ剤の服用と同じような効果があるという研究結果を示しました。

また、ハーバード大学医学部の精神科教授ジョン・レイティは、次のように述べています。

「運動は、精神疾患の最も重要な薬と同様の効果があるノルアドレナリン、セロトニン、ドーパミンといった神経刺激伝達物質の放出をうながします。ひと汗かくことは、適量のプロザックやリタリン（代表的な抗うつ剤）を服用するようなものなので、心身を正常な状態にしてくれるのです」


おすすめなのは、「朝の散歩」です。

散歩については、早起きの習慣にもなりますし、時間が合わなくてなかなか会えないお父さんと散歩しながら「最近こんなことがあった」「今、こんなことを学んでいる」と話をすることで、急速に親子関係がよくなったという報告を聞きました。勉強漬けで運動ができていないかも、と感じたら、ぜひ取り入れてみてください。

25 読書はじわじわ効いてくる

「本を読んでも国語の成績は上がらない」という話を聞くことがあります。私は、**読書には急激に読解力を上げるための即効性はないかもしれませんが、漢方薬のようにじわじわと効いてくるものだと思います。**

本で読んだ内容と似たようなテーマの文章が出たとき、当然ながら有利になります。さらに、本の内容に刺激を受けて、将来の夢が広がって受験に前向きになった子もいます。読書の暇があれば目先の模試対策にあてたいと思う気持ちもわかりますが、本は子どもたちの視野を広げる大切な道具ですので、無駄だと切り捨てるのは、少し待ってください。

朝読書を行う私立中学は多くあります。先生たちからは、国語以外の教科にも読書の効果が出ているという話も聞いています。

英米大学の研究でも、次の4つの読書の効果が明らかになっています。

①集中力がつく

本の世界にのめり込む生徒は、集中力が高い傾向にあります。

②共感力が育つ

読書を通じて異文化への理解が深まり、共感する能力が育ちます。英語がしゃべれても、共感力がないと、コミュニケーションは成り立ちません。国語講師という立場からも、母国語を軽視すると、あるレベルから先が行き詰まる可能性があると思っています。

③脳内が活性化する

文章から得られる情報からイメージするとき、記憶や経験をたぐり寄せるために我々は脳のさまざまな領域を起動し、新たな神経経路を構築しています。この働きは、テレビやゲームをプレイしているときには起こらないそうです。

④ストレスが軽減する

サセックス大の調査では、6分間の読書によって下がるストレスレベルは、音楽を聴いたり散歩に出かけたりして発散する際の68％以上も効果的であることがわかっています。

読書には時期がある。本とジャストミートするためには、時を待たねばならないことがしばしばある。しかしそれ以前の、若い時の記憶に引っかかりめいたものをきざむだけの、三振あるいはファウルを打つような読み方にもムダということはないものなのだ。

これは、ノーベル文学賞受賞者の大江健三郎氏の言葉です。

過去に、難関中学に合格した教え子が、5年生のときに『ソフィーの世界』を読み「よくわからないことがわかったよ、先生！」と言ったことを思い出します。

子どもが1ヶ月に読む本の数は、両親が読む本の数とほぼ同じだというデータもあります。まずは、**保護者が読書を楽しむ姿を見せ、本に触れる機会を増やしてみてはいかがでしょうか。**

26

スケジュールは「カーナビ作戦」で柔軟に

スケジュールを立てて、それを完璧に守れる子は、まずいません。「どうして守れないのか」と親子喧嘩になってしまい立てた計画がすべてなかったことになったら、本末転倒です。

スケジュールには常に余裕（すき間）を残しておいて、うまくいかなかったらその都度調整するくらいの柔軟性を持たせておきましょう。私はこれを「カーナビ作戦」と呼んでいます。計画を守ることではなく、目的地につくことが最優先です。また、大人に見守られつつも、子どもがある程度自由にスケジュールを決められるようにすると、自分で考える習慣もついていきます。次ページから、スケジュールを立てるときのポイントについてお伝えします。

スケジュールを立てるうえでのポイント

①睡眠時間をまず確保する

成長期の子どもにとって、睡眠時間の確保は必須です。また、寝る前にスマホやタブレットに触れさせないことも大切です。どうしても寝つきが悪くなり、目にもよくありません。

大事なのは、起こすことではなく早く寝かせること。夜更かしして、翌朝怒られながら起こされ、朝から親子で不機嫌というのが最悪のコンボです。

②食事の時間をたっぷりととる

食事の時間は、家族のコミュニケーションの時間にもなり、トラブルを未然に発見する貴重な時間にもなります。できるだけゆっくりと時間を取りたいものです。話題は勉強以外の「最近好きなもの（漫画や音楽など）」のほうが、ごはんもおいしく感じられます（笑）。

③予定は具体的に、詰め込みすぎず

「宿題」や「遊び」ではなく、**「計算」「漢字」「読書」や「サッカーをする」など具体的に決めておくことが大切です。**

また、最初からあまり細かく予定を決めすぎないように気をつけましょう。体調がよくない、親子喧嘩をしてやる気が起きない、はもちろん、前日の宿題が多かったなど、想定外のことが起きると思っておきましょう。最低ラインとして、次の日にやることを決めるだけでも十分です。そして、さらに**大事なのは、うまくいったときに、追加でもっとやらせようとしないことです。**「○○が終わったんだったら、○○もやりなさい」は、子どものやる気を一気にそぐので厳禁です。

④習慣づくりには固定の予定を設定する

飲み薬には、「1日3回食後に服用」と指示されるものがあります。薬で胃壁を荒すのを防ぐという意味もありますが、飲み忘れないようにするという意味もあります。勉強の習慣をつけるときも、それと同じです。朝起きたら10分計算、夕ごはんの前に漢字練習を15分、といったように、**固定の予定を続けることで、体が自然と動けるようになっていきます。**

切り替えをうまくするコツ

「予定を立てても、時間が足りなくなってしまう……」という場合、「切り替え」に時間がかかっていることがあります。「宿題をやろうとしたけど、プリントが見つからなくてしばらく探していた」など、思い当たる節はないでしょうか。

解決のイメージは、消防士です。消防士たちは、通報を受けてから5分以内に火災現場に到着することを目標にしています。5分の中には、消防士が消防車に乗り込む時間も含まれ、その時間は約1分とのこと。消防士は夜中の仮眠中でも、昼間と同じ活動服を着て準備をしています。さらに、素早く行動できるように訓練することと、用具などの手入れや準備を日ごろから怠らないことを徹底しています。

・**勉強を開始するまでの時間を意識する**
・**すぐに勉強できるように机や筆箱、テキスト等の整理をしておく**

この2点を心がけてみましょう。

27

習いごとと受験は両立できる？

習いごとを整理するのは、６年生の夏休み前が一つの目安だと思います。
しかし、とくに集団競技の場合は「自分がやめたらチームが負けてしまう」「キャプテンとしての責任がある」といった悩みがあるのも事実です。バレエやピアノの場合は、次の発表会までは続けるという選択をされる家庭も多いです。

現在の学力と目標校との差をしっかりと見つめ直したうえで、塾に相談して「この時期までに整理する」と決めていきましょう。この本で何度もお伝えしているように、決定の際には、保護者が一方的に決めるのではなく、本人の意思を尊重していきたいものです。

また、絶対に習いごとをやめないと志望校に合格しないかというと、例外もあります。**習いごとは、人生を豊かにする趣味になる可能性が高いので「やりくりしながら**

受験までがんばれるかも」と思ったら、続ける可能性を探るのもよいでしょう。

▼習いごとをやめた家庭の失敗エピソード

サッカーをやめたら成績が上がると思っていました。

ところが、サッカーをやっていた時間に勉強をするかと思ったら大間違い。その時間は、ゲームをしたり漫画を読んでいたりと、勉強時間はまったく増えませんでした。また、サッカーはストレス解消にもなっていたようで、母親に当たり散らすことも増えました。


スポーツには頭がよくなる要素がたっぷり詰まっています。ここ一番の集中力、忍耐力、判断力、チーム競技であればコミュニケーション力、スポーツマンシップにのっとった相手への礼儀、体調の管理やメンタルコントロール……。さらに、体を動かすことによるストレス解消ができるというメリットもあります。

また、幼いころから屋外で体を動かしていると、脳の基礎となる感覚を鍛えるだけではなく、さまざまな能力を育むこともできます。進学実績がよい学校は、部活もさかんで体育祭にも熱心です。

エジソンにまつわるエピソードも一つご紹介しておきます。

エジソンのもとに、ある父親がやってきて、こうたずねました。

父親「どうしたら、あなたのようなすばらしい発明家になれますか。どうしても子どもがあなたのようになりたいというので、毎日どのように努力したらいいか教えてください。集中力がまだ足りないような気がするので、今のままではとても無理だと思うのですが」

エジソン**「家じゅうの時計をすべて外しなさい。日常に縛られてはダメだ。時間の概念を忘れて、好きなものにただ集中することだ」**

スポーツやピアノなどの習いごとを夢中でやったことのある子どもが、中学受験の世界でも追い込みに強いことは、これまでに何度も実感しています。

「好きなことを、徹底的にやった経験」は、大きな財産となりますので、残り期間とていねいに向きあって、習いごとと勉強のバランスを決めていきましょう。

第4章

人間関係のコツ

28

塾の友だちとのつきあい方

塾は、狭い空間で長時間を友だちと一緒に過ごすので、トラブルが起きやすい環境にあります。授業中は先生の目が光っていても、行き帰りやスマホでのやりとりなどをすべて大人が管理していくのは不可能です。

「○○さんがいるなら塾に行きたくない」
「○○くんの受ける学校は、受けない」
などと最悪なことにならないようにしなくてはいけません。

また、偏差値や順位が出ることで、マウントを取りたがる友だちがいる可能性もあることは、知っておいてほしいところです。あまり考えたくありませんが、いじめの被害者ではなく、本人の意図とは違うところで加害者となってしまうリスクさえあります。

私が生徒に伝えているのは、**「あの人があなたの悪口を言っていた」という友だちには要注意ということ。本人のいないところで、その人をほめる人を信じることです。**その人の悪口を言う人は信じてはいけません。本人のいないところで、人の言った悪口を信じる人はもっと信じてはいけません。

たとえ100万部売れた本であっても、読んだ人は日本の総人口の1%にも満たないものです。つまり、「全員に気に入られることなど不可能」です。**友だちとの人間関係では、「みんなに好かれようとすると苦しくなる」ということも事前のアドバイスとしては有効です。**

作家の筒井康隆さんが「悪口」についてこう語っていました。

他人の悪口ばかり言う奴は嫌われる。他人を褒める心の余裕を欠いているひがみ屋は決して伸びない。悪口は烏賊が墨を吐くのと同じく周辺を暗くする。

実際にトラブルが起きたときの対処法を、3つお伝えします。

①子どもたちの間で解決しそうな問題は深く首を突っ込まないこと
②大人が感情的にならないこと（たいしたことのない問題に、裁判や弁護士などの言葉を出してしまうと、引っ込みがつかなくなります）
③わが子の言葉だけを信じずに、客観的に時間をかけて解決すること

子どもから相談をされたときは、まずはしっかり話を聞いてあげるといいでしょう。たいした問題ではなかったり、もう丸く収まりそうな内容であったり、解決の糸口がすぐに見つかったりするケースがたくさんあります。

子どもであっても、考え方の違いと感情の対立は切り分けてとらえられるよう、サポートをしてあげてください。

29

祖父母との協力体制をどう作る？

▼祖父との会話で反省……

６年生のゴールデンウィークに、最後のチャンスだと思って帰省しました。そこでの、祖父の何気ない言葉。

「小学生のうちから、こんなに大変な思いをさせなくていいんじゃないの？」

「昔は、○○中なんてできない子が行く学校だったんだけどな」

「公立の○○高校はすごいところだぞ」

本人がそれを聞き、落ち込んでしまいました。事前に、今の中学受験の状況を説明しておけばよかったと反省しました。


祖父母の時代とは、中学受験のあり方も、学校の難度もまったく違います。しかし、孫がかわいくて大事だと思うゆえに出てしまった言葉だと思うと、この祖父を責めることもできません。

「シックス・ポケット」として祖父母にも教育費の負担をしてもらうケースもあります。最低限の子ども（孫）の状況を共有しておきましょう。また、祖父母と同居している場合は、逆に「全員で応援する体制」になりすぎると子どもの逃げ場がなくなるので、役割分担を決めておくことをおすすめします。

祖父母の「孫に対する無償の愛」は、子どもの精神面の安定のためにも大変重要です。**祖父母は入試にあまり深入りせずに、ひたすらあたたかい目で応援してもらうのがよいのではないでしょうか。**

▼祖父母との会話が息抜きに

受験期間は忙しくてなかなか帰省ができませんでしたが、オンラインでおじいちゃんとおばあちゃんと話す機会を作ったのがよかったようです。

毎日顔をつき合わせる家族だけと話していると息が詰まってしまうので、ほっとする時間が取れたようです。

30

兄弟・姉妹は応援団に徹してもらう

中学受験生活では、当然、一緒に暮らす兄弟・姉妹の生活にも影響が出ます。

「弟が勉強しているときは、テレビのボリュームを下げていた」

「入試前、受験を控える子のために、家族全員で体調管理に気をつけた」

「今年は兄が受験だから、正月の里帰りも我慢して一丸となってがんばった」

などの話を聞くと、「絶対に合格させねば」と、講師としても気合いが入ります。

受験が終わったあとに、みんなで家族旅行をするのを楽しみにしていたという話も聞きました。

▼姉の優しさに気づけたとき

姉も中学受験の経験者だったので、いろいろ口出しをしてきて、うるさくてしょうがなかったです。家の中に母親が2人いるようで、イライラすることもありました。
でも、姉はぼくの受験のために、「外食や家族旅行は、受験が終わるまで我慢していいよ」と言ったり、好きな音楽もヘッドフォンをつけて勉強の邪魔にならないようにしたりと、実は優しかったんだなあと気づいたときはうれしかったです。こっそり、神社にお参りにも行ってくれていました。

中学受験経験者は、弟妹になんとか頑張ってほしいあまりに、つい口出しをしてしまうことがあります。しかも、自分が受験生のときにはできていなかったであろうことも「漢字は毎日やるべきだ」「模試の復習はしっかりしないとダメじゃないか」などと、結構細かいところを偉そうについてきます。中学校・高校で部活動をやっている場合は、先輩として後輩を教える癖がついているからかもしれません。

しかし、**同じ苦労をした経験者として応援団に徹してくれれば、これほど心強いことはありません。**

31

「親友と同じ公立中に行きたい」にどう応える？

子どもが公立の小学校に通っている場合、自分が私立に行くことで仲のいい友だちと一緒の中学に行けないという葛藤が生まれることがあります。とくに6年生は、最後の運動会や修学旅行などの学校行事もあり、友だち関係が濃厚になるので「私立ではなく、ぼくも親友の○○君たちと地元の学校に行きたい」と思うのも、不思議なことではありません。

さすがに入試直前に急に「受験をやめる！」なんて言い出さないだろう、と大人は信じていますが、もともと小学校の話をあまりしないような子の場合、心の中でずっと悩んでいた中学受験について突然打ち明けるという例も少なくありません。**とくに入試直前は、「第一志望に受からないんじゃないか」と合否を現実的に考えるので、複合的な理由で受験回避の思考に陥りがちです。**

私がこうした相談を受けたときに生徒に話した内容をご紹介します。

「君は友だち思いだし、学校でもリーダーとして活躍しているから、今の友だちと一緒に地元の学校に行きたいという気持ちになるのはよくわかる。

でも、**本当に仲のいい友だちなら同じ中学に通っていなくても、近所に住んでいるなら友だち関係はなくならない**と思うよ。地元にも友だちがいるし、私立にも友だちがいる、という広がりがあったほうが楽しいかもしれない。

小学校の友だちには、受験することをちゃんと話したかな。今、こんなにがんばっているという話と、これからも友だちでいたいから応援してほしいという話をきちんとしたらどうかな。親友だったら、きっとわかってくれると思うよ」

その生徒は、素直に私の話を受け入れてくれ、小学校で友だちに「受験をする」「でも一生友だちだ」という話をしたそうです。入試前には、その友人たちが寄せ書きで応援メッセージを書いてくれて、それが心の支えとなり最後のがんばりにもつながりました。

32

トラブルを早めに察知するには

小学生は、自分の感情をコントロールする力が未熟です。これは、成績とはまったく関係ありません。また、感情を他人に伝えることも受け取ることも、上手にできるとは限りません。

また、とくに高学年になると、親に心配をかけたくない、人間関係で困っていることを知られたくないなどの気持ちから、トラブルの発見が遅れることがあります。

何か問題を抱えていそうだな、と感じたら、小学校の先生や塾の先生とも連携を取りつつ早期発見、解決を心がけましょう。

まだ精神的に成熟していない受験生の成績向上は、精神面の安定のうえに成り立つものです。

人間関係のトラブルは、「最近眠そうにしている」「お弁当を残すようになった」

「行ってきますや、ただいまの声が小さい」のような、生活の何気ない変化からわかることが多いものです。

親に心配をかけたくないが故に「つらい」「大変」と弱音を吐けない子がいるとわかったうえで、**いつもと違う様子がないか気をつけて、困ったことがあれば芽が小さいうちに解決できるようにしてあげましょう。**

33

親子の絆は一生の財産になる

大変そうな項目ばかり続いたので、明るい話をはさみます。

一丸となって中学入試を乗り越えることで、よい親子関係を築けたみなさんからのエピソードをいくつかご紹介します。

▼後悔のない選択はない

第一志望の3回目、最後のチャンスの入試を終えて戻ってきた息子が一言、「やり切った」と言いました。がんばり続けたわが子の、いつの間にかたくましくなった姿を見て、成長を実感。「入試の最中にも、生徒は成長します」という先生の言葉は嘘ではありませんでした。

しかし、第二志望の手続きの準備をはじめると現実に引き戻され、「受験校の選択は正しかったのか」「安全策も取れたのでは」「学校を休んででも、もっと勉強させればよかったのでは」「コロナでなければ、もっとがんばれたのでは」「そもそも、中学受験をさせてよかったのか？」「もはや結婚相手が悪かったんじゃないか（笑）」と、さまざまなことを考えはじめました。

そんなとき、先生の「後悔のない決断はありません」という言葉を思い出して、気を取り直しました。その夜の合格発表で、残念ながらタブレットの画面にわが子の番号はありませんでした。でも、10分後に繰り上げ合格をいただき、家族中で歓喜しました。寡黙な主人も、無口な息子も大声で泣いていました。

▼私服のままじゃ終わらせない

願掛けのために、第一志望の学校の文化祭で撮った娘の写真を密かに私の待ち受け画面にしていました。受験前日に、その待ち受けを見た娘は、「この写真、私服のままじゃ終わらせないから！」と一言。

努力を重ね、プレッシャーと闘い、合格を勝ち取った娘を誇りに思います。

▼やっと知れた息子の本心

息子は、6年生の夏になっても、なんとなくで塾に行っているように見えていました。今思えば、それが息子の精一杯だったのかもしれません。体は他の子より小さく、体力も続かない。心配になり、何度も何度も受験をやめようという話をしました。夏期講習前に、息子に「受験をやめようか」と聞いたところ、息子はこう言いました。

「ぼくは、運動は得意じゃないけど、勉強は嫌いじゃない。だから、どこまでできるか自分の力を試したい。受験はやめたくない。夏期講習に通わせてください」

はじめて、本心を聞いたような気がしました。やがて手が離れていく子どもと、深く関わり合えた時期は、家族の宝物です。

保護者の思いは、子どもに必ず伝わります。

「第一志望の合格よりも、第二志望の合格よりも、わが子のがんばりのほうが大事」

そう思えたときに、家族の関係も、子どもの覚悟も、必ずよい方向へ向かいます。

34

スルーする技術を身につける

中学受験は「沼」と表現されることがあります。

それは、一生懸命になるあまりにのめり込みすぎ、他のことを考えられないほどに深入りしてしまいかねないからだと思います。大切なわが子のことですから、真摯に向き合うことが悪いはずがありません。しかし、いつも真剣、全力では疲れてしまいます。**保護者が勤続疲労の状態になっていては、ここぞというときに賢明な判断ができなかったり、子どものSOSに気づけなかったりと、いい受験にはなりません。**

あるお母さんから、こんな心がまえを教えてもらいました。

「わが子だと思うからついイライラしていましたが、他人の子どもだと思ったら、塾にも行くし、机にも向かうし、すごいじゃんと思えました」

35

出会いを大事にする

同じクラスだった友だちと、だんだん成績の差がついてきて別のクラスになってしまった男子から相談されたことがあります。

「自分はがんばっているのに友だちのようになれないのは、才能がないのかな。あいつのほうがあとから塾に入ってきたのに……」

ちょうど授業で『次郎物語』を扱っていたこともあり、私は彼に次のような話をしました。

「白鳥《はくちょう》蘆花《ろか》に入《い》るというのが、『次郎物語』の作者、下村湖人の座右の銘。真っ白な蘆《あし》の花が咲き競う水面に白鳥が静かに舞い降りる。白鳥は背の高い蘆の花に隠れてその姿は見えないけれど、花のさざめきによってその存在がわかる。転じて、一生懸命やっていればわざわざ大きな声で言わずともその功績は人知れず残る、という意味だよ。がんばるアピールをする必要（時間）はないから、まずは自分のやれることをやろうということ。

『がんばりをアピールしない』というのは、とても大切。成果が出ている人は、がんばっていないのではなくて、それをまわりにアピールしていないだけかもしれないと考えてほしい。せっかく一緒の塾にいて仲がよかったなら、勉強方法を聞いてみたり、もとのように話しかけてみたらどうかな？」

同じ年に生まれ、同じ地域で育ち、同じ塾に通う。この出会いは大切にしたいもの。志望校が異なっていても、中学受験にチャレンジしようという同じ志を持っている時点で、隣にいる友だちとは運命かも、という話をしています。

お互いのがんばりを認め、尊重しあえる。そんな人間関係の基本を、小学生のうちに身につけてもらいたいものです。

第5章

家庭学習の工夫

36

スモールステップで達成感を積み重ねる

学力の基礎となる漢字や計算のトレーニングは、結果が出やすいため、子どものやる気アップにつながります。

模試の成績は、他人との相対評価のため、どうしても上下しますが、基本問題の毎日の練習は、昨日の自分との競争となる絶対評価です。やればやるほど成果が見えてくることで、精神面も安定します。**「○分で○問できるようになった」「○の数が5個だったのが、7個に増えた」など、成果の見える化ができるように工夫しましょう。**

学習単元のみを気にしていると、たとえば「図形」にがんばって取り組み、手ごたえを感じるころにはカリキュラムが「速さ」に変わっていたということが起きます。志望校への憧れももちろん大切な要素ですが、それだけでがんばり切れるほど甘くはありません。それよりも、「どんどんできるようになること」は、中学受験において最大のモチベーションとなります。

37

超かんたんな予習と復習

学年が上がると、学校から帰ってきて塾に行くまでに、なかなかまとまった予習・復習の時間は取れないものです。そんなときは、テキストをパラパラと開いて、その日やる単元をながめ、なんとなくでも興味を持ってから塾に行くだけでもOKです。**「今日はこんなことをやるんだな」とスイッチを入れるだけでも、授業の集中力はまったく違います**。「先週は授業で何を習った？」まで意識できれば完璧です。

実際に授業をやっているときに、「先週、何をやったか覚えてる？」と聞くと、成績がよい子は「主人公が女の子で〜」などと、かんたんなあらすじを言えるのですが、苦手な子は「物語文！（ひどいときは「読解！」）」などと答えます。

同じく復習も、家に帰ってからもう一度、テキストをパラパラと見直すだけでもまったく違います。この習慣は、**やらされる受け身の勉強から「自分でやるんだ」と**

いう意思を持った勉強に変わるきっかけづくりにもなります。

ドイツのリンゲルマンの実験で、「人は集団になると手を抜く」ということを示したものがあります。

1人対1人で綱引きをしているときの筋肉の力を100%とすると、2人で綱を引くときは93%、3人で綱を引くときは85%と、人はどんどん力を抜いていきます。なんと8人では49%と、半分以下になるそう。「自分じゃない誰かがなんとかしてくれるだろう」という気持ちがこんなにも表れるのですね。

やらされる勉強ではなく、自分からやる勉強にしないと、結果はなかなかついてきません。**「自分ごと」として本気で勉強に向き合うことができるよう、予習・復習の習慣をつけることは、優先順位が高いと思います。**

38

「だいたいできた」を禁句にする

仕事や勉強をしていて、まだ完全に終わっていないのに、「だいたいできた」と考えることがあります。しかし、「だいたい」と「しっかり」の間には、大きな溝があります。「だいたいできた手術」なんて怖いですよね。**物事をもう少しで達成できるときにこそ、「ここからが本番だ」と考えることが大切です。**

物事を達成できる人と達成できない人を分けるのは、「まだできていない部分」「完成するまでに残された工程」にこだわるかどうかなのです。

模試を終えて帰ってきた子どもに「どうだった?」とたずね、「だいたいできた」と答える場合、その子はあまり成績が伸びません。「ここがダメだった」と具体的に言えて、できなかった部分にこだわってこそ、成績が伸びるようになるのです。「自分はだいたいできている」と思い込まないように、気をつけましょう。

39

できる子を真似するより、できない子と逆のことをする

「こんな勉強法で成績が伸びた」という書籍や体験談は、世の中にたくさんあります。ただし、「その子だけにあてはまることだったのかも？」と、すべてを鵜呑みにせず、冷静に読み取っていきたいものです。基本的には、**できる子の真似をするよりも、できない子と逆のことをするほうがかんたんです**。いくつか勉強のコツをご紹介します。

「きれいなノートづくり」を目標にしない

ノートを書くことにいっぱいいっぱいで、授業を聞いていないケースがあります。先生が使っているチョークやペンの色の数よりもノートがカラフルだとアウトです。

質問する前に問題文をよく読む

ミスが多い子は、基本的に問題文をよく読んでいません。

「先生、ここがわからない」と質問を持ってくる場合に、「もう一度、問題文を読んでみようか」で解決することが実に多いのです。マンツーマンで指導する場合は、目の前で音読させるのが効果的です。

体験談を信じない

「公式を丸暗記して合格した」という成功事例ほどあてにならないものはありません。優秀な子は、公式を理解したうえで、暗記をしています。体験談には、どうしても美化というバイアスがかかります。基本的に、頭以上に手を使おうと意識しないと、成績は伸びませんし、定着もしません。

カンニングをさせない

残念ながら、生徒の中でカンニング経験者はたくさんいます。早期に発見し、解決していかないと、その癖はなかなか抜けません。「友だちが上のクラスに上がったから」などと、他人と比べて焦るタイプの子には要注意です。解答を保護者が管理するなど、「カンニングができない」工夫をしていきましょう。

人のせいにすることをやめる

合格する子は失敗を自分のせいにし、うまくいかない子は失敗をまわりのせいにする傾向にあります。他責思考が成長を阻害するのは、何事にもあてはまります。

保護者が気をつけておくのは、塾や塾の先生・教材に不満があったとしても、子どもの前では悪く言わないこと。無意識に子どもを「塾が悪いから」「教え方が悪いから」「教材が悪いから」という考え方に誘導しがちなので注意が必要です（不満があるときは大人同士でやりとりしましょう）。

やる気に頼らない

合格する子は「やる気がない」ときも、「やっています」。また、やりはじめると気分が乗ってくることをよく知っています。生徒に「やる気が出ない」と言われたとき、私は、「君たちのお父さんやお母さんだって、やる気がないときもあるのに、仕事や子育てをがんばっているんだぞ」と説明しています。

40

残り5分で最後の力を振り絞る練習

体育会系の部活では、練習のときにコーチや監督が「あと1回！」「あと1周！」「あと3分！」という「檄《げき》」を飛ばします。苦しいときに最後の力を振り絞る練習です。マラソンでも、選手はゴール前でラストスパートをかけます。最後の瞬間には、脳からドーパミンも出てくるため、がんばり切れることも科学的に証明されています。

最後まで諦めないこと、少ない残り時間でも全力で問題と向き合うことは、家でも練習ができます。40分で宿題をやるときに、35分でタイマーがなるように設定して、残りの5分はそれまで以上に集中して必ず解き終わらせる、というものです。

受験の合否は、1〜2問の差で決まります。**限界ギリギリのときに「あと5分でも」と粘れるのは、立派な武器になります**。4教科の入試だと、20分の粘りが大きな点につながるでしょう。

41

クイズを有効活用する

すべての科目、単元に興味を持って知識を身につけられる子など存在しないので、**家族で一緒に盛り上がれるクイズを有効活用して、知識を広く身につけることをおすすめします**。子どもはクイズが大好きです。文学史のテストを「クイズ大会」だと言って授業をしたら盛り上がったことがあります。

インプットばかりでアウトプットしないと、知識は定着しません。また、忘れかけのころに思い出すことによって記憶が強化されます。というわけで、ポイントは親子でお互いにクイズを出し合うことです。YouTubeなどでもたくさんのクイズネタが配信されているので、活用してみてください。家族の絆も深まります（保護者の圧勝は禁止です笑）。

42

課題への正しい向き合い方

私は会社で職員採用を担当していた経験がありますが、「こんな就活生は内定が取れない」という例を参考に「課題に向かう子のあるべき姿」「模試を受けるときのあるべき姿」を考えたいと思います。

◯会社説明会や面接の前後

・ずっとスマホをいじっている
・友だちと会場前で待ち合わせて一緒に参加する
・会場を出たとたん、ジャケットを脱ぐ
・第一ボタンを外す

筆記試験中

・足を組む、靴を脱ぐ
・ペン回しをする
・消しゴムのカスを床に撒き散らす
・机にカスを残したまま帰る

筆記試験のときに「終わった人から、答案用紙を裏返して退室してください」と、あえて指示するというのも聞いたことがあります。指示をよく聞かず、用紙を表にしたまま退室した学生をチェックする目的です。

いかがでしょうか。「単なるマナー」と思われるかもしれませんが、**受験も就職活動と同じで、目の前のことに真剣になっていなければ、よい結果などついてきません。**

43

「がんばった」を見える化する

子どもにとって、受験までの道のりはとても長く感じられるもの。そして実際にも長期間なので、モチベーションが低い時期は誰にでも訪れます。そこでおすすめなのが、日々の「がんばった」を見える化するというテクニックです。

その日にやるべき予定をリストアップして、終わったものをマーカーで塗りつぶして「がんばった」の見える化をすると、一つの課題が片づくたびに、小さな達成感をもたらしてくれます。

リビングなどの見えるところに大きなカレンダーを貼り、そこにリストを書き込むのもおすすめです。家族みんなで「よくがんばってるね」と声かけをするきっかけになるからです。「子どもが一番よく見るのは冷蔵庫だから、うちはドアに磁石で貼ってました！」と報告してもらったこともあります。

よい結果だった模試や過去問、賞状などを目に見えるところに置くのもよいでしょう。**気持ちが乗らないときや疲れているとき、落ち込んだときも、うまくいったときの気持ちを思い出すと、「よーし、がんばろう」という気持ちになれます。**これは、習いごとでもらったトロフィーや賞状でもいいでしょう。以前、願書を書いて机の横に貼ってもらったこともあります。

自分自身に言い訳のできない状況を作ってしまうという意味では、「絶対○○中学に合格」と書いて部屋に貼る古典的な方法も、価値があります。

目標や期限をまわりの人にもわかるようにはっきり宣言することは、心理学的にも有効です。人間は自分との約束はつい甘えてしまい、破ってしまいますが、**他人との約束には、「破ってはいけない」というプレッシャーを感じるもの。そのプレッシャーが、勉強へのモチベーションを支えてくれるのです。**

44

感謝の気持ちをエネルギーにする

「感謝の気持ちを持つこと」は、受験勉強を乗り切る際の大事なポイントになります。

シドニーオリンピックのマラソンで金メダルを取った高橋尚子さんは、どんなときも走れることに感謝していたそうです。彼女は、沿道の人たちにも感謝、さらには、30キロ付近で競り合っているライバルにすら感謝していたといいます。

30キロすぎの一番きついところで、「こいつだけには負けるか」と考えていると、体は緊張し、筋肉が硬くなるだけでなく、末梢神経が収縮して酸素の供給も悪くなり、パフォーマンスは低下してしまいます。

受験もそれと同じことがいえます。**追い詰められた過酷な状況でこそ、感謝の気持ちが持てるくらいに心を成長させたいものです。**

感謝することがもたらす、別の効能もあります。

心理学者のロバート・エモンズ氏とマイケル・マッカロー氏は、被験者を2つのグループに分け、1つのグループには「ちょっとしたことでもいいので、毎日、感謝できることを5つ書いてもらう」という実験をしました。

こうして毎日1〜2分、感謝する時間を取ったことは、思いもかけない効果をもたらしました。感謝できることを考えたグループは、何もしなかったグループに比べて、**人生をもっと肯定的に評価できるようになっただけでなく、幸福感が高くなり、ポジティブな気分を味わえるようになったそうです**。

感謝することで幸せを感じられるようになって、意志が強くなり、エネルギッシュで楽観的になったわけです。

やるべきことに追われ、保護者も子どもも、余裕がなくなる日もあるでしょう。そんなときこそ、1〜2分でもいいので、日々の小さな「感謝」を思い出す時間を取ってみてください。そして、たまにでいいので「ありがとう」を家族に伝えられる日があれば、最高です。

第6章

保護者の心がまえ

45

「最終的に勝てばいい」と思っておく

基本的には、「子どものために何をしてあげられるか」と真剣に悩んでいる保護者なら大丈夫、反対に自信たっぷりの保護者のほうが危ないと実感しています。とくに、保護者が中学受験を経験していた場合、後者の可能性がないか自己分析することも大切です。

大人は自分が受けた教育こそが最高だと思いがちです。とくに、自分の受験がうまくいった場合に顕著に表れるのではないでしょうか。

すでにお伝えしているように「勉強は必死でやるもの」「根性でやるもの」という昭和の価値観は、今はまったく通用しません。映像や漫画という媒体の学習効果が非常に大きいのは間違いありませんし、昔と比べて学習ツールの種類が多く、よいものもたくさんあります。**便利なもの、子どもにとって役立つものをしっかりと取捨選択**

し、信頼できる塾の先生などプロの意見もうまく取り入れられる柔軟性が、保護者に求められています。

また、熱心に向き合うあまりに、必要以上に子どもにきつく当たるケースもあります。子どもが自信を失ってしまうようなことにならないために、とくに気をつけておきたいポイントは次の4つです。

あれもこれもと子どもに押しつけない

指導法について情報を集めることは大切ですが、「もっとよい方法があるだろう」と、とにかくよかれと思うことを全部子どもに与えると、パンクしてしまいます。

暴走モードにならないよう、夫婦でチェックしあう

父親と母親のどちらかが暴走モード（相手の言うことに聞く耳を持たなくなる）に入ると、子育てや教育の問題が、いつの間にか家庭を壊すような事態になります。子どものことで夫婦喧嘩が増えているときは、要注意です。

子どもの意志を置いてきぼりにしない

できなかった課題を見て「自分でやるって約束したよね」などと追い詰めてしまうことがあります。実際に「やる」と言っていたとしても、「やると言わないと怒られそう」な状況や空気感で、子どもに反論の余地もないまま発された場合があります。無理やりさせられた「約束」は、なかなか守れるものではありません。

ネガティブな言葉を使わない

「がっかり。もう一回やってみなさい」

そんな言葉でマイナスの気持ちを表現することは、想像以上に子どもを傷つけます。がんばって問題に取り組んだのに、本当は一番にほめてもらいたい相手をがっかりさせている、という事実は、大人が思う以上に子どもを傷つけてしまいます。

子どもを思い通りにコントロールしようとすると、どうしても「管理者」や「監督」、ひどい場合は牢獄の「監視者」になってしまい、うまくいきません。

アメリカスポーツ界には「どう試合をはじめるかではなく、どう終えるかだ」という言葉があります。どう終えるかを英語では「strong finish」（ストロング・フィニッシュ）といいます。サッカーのエース・ストライカーは、それまでシュートを外していても、勝負をかけた瞬間には必ずゴールゲットします。勝負強さが、スターの要素というわけです。

中学受験においても、「ストロング・フィニッシュ」、つまり最終的に勝てばいいという長い目で、物事を見られるようになりたいものです。

46

子どもを伸ばす伝え方って？

親子関係で最も大切なものは普段のコミュニケーションです。日本では「察する」ことを重視する文化が根強く、「言わなくても気持ちは伝わるだろう」と思ってしまいがちです。しかし、**家族など身近な人にこそ、愛情を伝えなくてはいけないと思います**。コミュニケーションをとるときは、笑顔が原則。保護者が笑顔でいる時間が長ければ長いほど、子どもの学力も伸びていくと信じましょう。

◯ポジティブな言葉を選ぶ

ケアレスミスをしたわが子への声かけは難しいものです。

「ちゃんと見直ししないから！　何度言ったら直るの」

「惜しかったね。この問題ができていたら成績上位者に載れたかもよ。もうちょっと!!」

このどちらが子どものやる気につながるかは、言うまでもありません。伝え方一つで、受け取る側の印象はガラリと変わります。やる気につながる言葉を選びましょう。

ダメ出しは最後にほめる

最初はほめていたのに、最後に「でも……」と悪いところを指摘してしまったことはありませんか。たとえば、「今回は算数をよくがんばったね。偏差値も60台に乗ったね。でも、国語がもう少しよければ……」のように。

何かを指摘したいときは、悪いところを伝える→ほめるの順番に変えるだけで、受け止め方が違ってきます。

感情と理性を使い分ける

うれしいときは「感情的」に、怒ったときはつとめて「理性的」に接することを意識しましょう。どうしても「怒りモード」になった場合は、少し時間をおいてコミュニケーションをとると、切り替えがしやすいです。

47

男の子を伸ばすヒント

学力は、性差よりも、個人差が大きいことは言うまでもありません。
「男の子だから」「女の子だから」という決めつけは好ましくありませんが、私の経験上、どちらかというと男の子によく見られる特徴、女の子によく見られる特徴、というものが存在します。「うちの子はどちらに近いタイプだろう」という視点で読み進めてみてください。

まず、男の子に長期戦を計画的に戦わせるのは大変だと頭に入れておきましょう。毎日の計算問題や漢字練習を忘れずにコツコツやっていたら、しめたもの。それだけでも、しっかりほめることが大事です。また、次の日にやらなかったからといってがっかりしないこと。**やるときはやる、やらないときはまったくやらない、というのが男の子の特徴です**。次の日にはできるように励ましましょう。

また、根拠のない自信を持つのも、男の子にありがちです。

以前、野球で活躍していた6年生の男子がいました。

「ぼくは野球で本番に強かったから、入試でもきっとそうだ」と言い張るのです。釘を刺すのが大変なくらいで、目の前で過去問を解いてもらい、「あれってできない、やばいかも」と現実をつきつけ、やっと真摯に向き合ってもらうことができました。そのときの彼の名台詞は「先生、勉強と野球って違うんだね」。当然です（笑）。

男の子は話しかけても答えが一つだけ、ということも多いです。「テストどうだった？」と聞いても「普通」と返ってくるのが定番です。

ですから、**男の子とのコミュニケーションでは、オープンクエスチョン（はい／いいえで答えられない質問）をしてしゃべってもらい、大人は聞き役に徹するように心がけるといいでしょう。**テストの例では、「今回一番できたと思う科目って？」くらいからがスタートです。

48

女の子を伸ばすヒント

女の子の中で、**まわりの期待に応えようと生真面目にがんばりすぎる子がいます。**

そういう子は、がんばる理由が「他人にほめられたい」「認められたい」であることもあり、本当は勉強が好きではない可能性も考えられます。また、申し分のない学習態度に見えていても、よくよく注視すると勉強以外のことに夢中になっているという場合もあります。

受験生といっても、小学生です。誰かに「ほめられたい」とか、「怒られたくない」だけで勉強していると、急にやる気をなくすので注意が必要です。

また、男の子とは反対に「根拠のない不安を感じる」というのも特徴です。

模試の合格判定で合格率80％が出たときに、「残りの20％になるかも」と不安を感じてしまうことが、女の子にはよくあります。一方男の子は、合格率が20％と出たとき「その20％が俺じゃね？」と思いがちです（笑）。とくに不安が強い子には、「確実に努力を重ねている」という実感を意図的に与えるために、課題を細かく設定するのが王道です。

もう一つ、気をつけておきたいことがあります。

「根拠のない不安を持つ」子と、「根拠のない不安を持つ」保護者（とくにお母さん）のペアの場合は、入試前に失速するので、注意が必要です。 客観的な意見を持つお父さんや、信頼できる塾の先生という支えを作りましょう。

「感情は伝染する。中でもネガティブな感情こそ、最もうつりやすい」というのは、おさえておきたいポイントです。

49

「子どもはすごい」と信じる

小学生の成績は、じわっと上がるのではなく、ツボにはまったとたんに爆上がりするものです。そのツボにいつはまるかわからないのも、子育ての難しさです。

しかし、我々の脳の10万分の1の細胞数しかない虫の脳が、実に見事な記憶力を持っていたり、学習能力があったりしますが、それと比べたら、人間（子ども）の可能性はもっと大きいものだと考えてよいのではないでしょうか。

▼目標を見つけた10歳の女の子

肉親の病気という経験により、どうしても医学関係の道に進みたいと決意した女の子の話です。

「自分は体も大きくないし、体力がないので医者は難しい。それだったら、薬剤師という道もあるのか」と、その子は自分で将来の道について詳しく調べてきました。

「どの中学に入るのがいいか」「苦手な理科からも逃げちゃダメだ」「コミュニケーション力がないと活躍できないから国語もがんばります」という感じで、目標に向けて必要なことを考え、行動に移していました。当時まだ10歳の女の子でしたが、目標が明確になったときの集中力には感動しました。

「子どもたちは自分たち大人よりもすごいはずだ」。この気づきを持っていることで、子どもへの接し方の軸ができると思います。

私も、授業の前に「学校に行って授業や行事をがんばり、友人関係をサバイブし、その後に受験勉強しているなんてすごいな。今、自分が小学生だったらできるんだろうか?」と、ときおり振り返るようにしています。

50

邪魔をしないようにあえて距離を置く

「子どものために何をしたらいいですか」
「どんな声をかけてあげればいいでしょうか」
という相談を受けることがあります。

世の中には、マニュアル本やハウツー本があふれているので、いろいろな情報に触れるたびに「わが子にも何かしてあげたい」と思うのは当然のことです。ただし、**「何かする」「何か言う」ことが逆にマイナスにつながることがあるということは、覚えておいたほうがいいかもしれません。**

子どもが勉強に集中しているとき、（それが珍しいことであればあるほど笑）いつの間にか邪魔をしてしまうことがあります。たとえば、子どもが計算をやっているときに、ついノートをのぞいたことはないでしょうか。黙って問題を考えているのに、ちゃんとやっているか心配になって「わからないなら解説読めばいいでしょ。1問に何分かかるの」「もっとていねいに途中式を書いたら」「その数字は、0なの6なの」など、口を出すセリフには枚挙にいとまがありません。だんだんヒートアップして、「うるさいなあ」「もうやめる！」と親子喧嘩のきっかけになることもあるでしょう。せっかくの集中モードに水を差してしまったケースです。

運転中に「道、間違ってない？」「ブレーキが遅い。危なくない？」と言われ続けているとドライブがまったく楽しくありません。さらに、プライドを傷つけられて関係性が悪くなるのは間違いありません。

保護者の思った通りに、こうしよう、ああしようと接したり矯正したりするのは、たいていがうまくいきません。最終的に、「入試会場には、子ども一人で向かわなくてはいけない」というのが大前提です。**子どもを信じて、あえて距離を置くのも大切です。**

51

子どもの話をていねいに聞く

▼言えなかった本当の悩み

5年生の春に、偏差値が70台中盤から60台後半に下がりました。心配したお母さんからは「宿題のプリントを追加で出してください」と頼まれました。

私は（60台後半ならそんなにあたふたしなくても、と思いつつ）、その申し出を保留し、授業中に注意深くその子を見ることにしました。すると、あるときポツリと「雨降れ」とつぶやいたのです。話を聞くと、「運動会が近づいてきていて、徒競走に出るのが嫌だ」と悩みを教えてくれました。

塾と同じく、学校でも勉強ができるけれど、運動が苦手な子だったので、まわりの目を気にして悩んでいるようでした。本人は、ひとしきり泣いたあとにスッキリした表情になりました。頼まれるがまま、本人の状況を考えずに、プリントを渡していても効果がなかったはずです。お母さんにはその状況をお伝えし、一件落着、次の模試から成績は回復し、最後は第一志望に合格していきました。

子どもに接するときは、まず言いたいことをすべて言わせてあげることを忘れてはなりません。**「だからあなたは……」とつい口をついて出そうなときも、とにかく子どもの言いたいことをすべて言い終わるまで、黙って耳を傾けましょう。**

また、子どもには結局、**叱られたときの保護者の言葉は、基本的にほとんど届いていません。届いているのは、マイナスの感情のみです。**

大人が正論でやり込める、ということを続けていたら、いざ入試まであと少しというときに、反抗期で何も聞いてくれないということにもなりかねません。

子どもが話しかけてきたときは、背中を向けたままではなく、向き直って顔を見ながら聞くように心がけましょう。一人の人間として尊重し、信頼関係を築いてからがスタートです。

52

他の子と比べない

「うちは一人っ子だから、はじめての経験ばかりで」と相談されることもあれば、「兄弟でまったく性格が違って、お兄ちゃんのときのやり方がまったく通用しないんです」という声も聞きます。

一人っ子と中学受験経験者が上にいるのとどっちが有利かというと、一長一短です。結局、**子どもたちは一人ひとり別の人格なので、試行錯誤をしながら、その子にとってベターなことを選択していくしかないと思います。**

また、わが子が理想の「やる気あふれる受験生」になっていない、というのは、保護者の永遠の悩みです。塾が春先に配布する「合格体験記」などには、驚くほど早熟でしっかりした生徒が登場します。読んですぐのときは感動しても、落ちついて読み返すとわが子とのギャップに心揺さぶられることがあります。**合格体験記は、たくさ**

んの生徒の中から、とくにうまくいった子、うまくいった部分だけを抜き出して書かれたものだと考えてみてもよいでしょう。

スウェーデンでは古くから、「大半の子どもはタンポポだが、少数の子は蘭である」と言い伝えられてきました。

タンポポはたくましく、それほど大きな花ではありません。どんな環境でもよく繁殖するので、わざわざ手間暇かけて育てようとする人はいません。一方、蘭はきちんと管理してやらなければ枯れてしまいますが、ていねいに世話をすれば、それは見事な花が咲きます。どちらが絶対的によいということではありません。子どもについても同じことがいえると思います。

保護者会で「真っ赤なお鼻のトナカイ」について話すことがありました。

赤い鼻のトナカイは、みんなと違っていたので「いつもみんなの笑いもの」でしたが、そのピカピカのお鼻のおかげでサンタは全世界の子どもたちに贈り物を届けることができました。

「赤鼻のトナカイ」の作者ロバートは、妻エヴリンと娘のバーバラの3人家族。バーバラが2歳になったころ、エヴリンが病に倒れてしまいます。ロバートの収入は治療費と薬代に消え、生活は苦しくなります。やがて、4歳になったバーバラがロバートにたずねます。

「どうして私のママは、みんなと違うの?」

ロバートは娘を喜ばせるため、「真っ赤なお鼻のルドルフ(トナカイ)」の話を即興で語りはじめました。神さまに作られた生き物はいつかきっと幸せになることを、幼い娘、病と闘う妻、そして自分自身に言い聞かせるように。その後、その歌は、全世界に広がります。**他の生徒と「同じ」になることが、受験の目的ではありません。**

▼姉妹で中学受験をした家族のエピソード

お姉さんは、最難関の学校に合格。妹の奈美ちゃん(仮名)も、同じところを第一志望にしていました。奈美ちゃんは算数が苦手で、お姉さんにコンプレックスがありました。6年生の12月に、奈美ちゃんからこんな相談を受けました。

「私、A中(姉の学校より入りやすい)のほうが合ってると思うから、志望校を変えたいんだけど、先生どう思う？」

私は、受験に不安を感じているだけで、本音は違うと感じたので、お母さんと「名前作戦」を実行しました。奈美ちゃんの名前の由来を、その日の夜に説明してもらったのです。

「あなたの名前は、左右対称になるようにつけたのよ。なみという読み方は決めていたんだけど、どの漢字にしようかと悩んだとき、人間的なバランスのいい子に育ってほしいと思ってこの字を選んだの。奈美ちゃんは勉強だけじゃなく運動も得意だし、友だちもたくさんいるよね。バランスのいい子に育ったと、お母さんは思っているよ」

その言葉を聞いて自信を取り戻した彼女は、第一志望を受験することを決意し、見事合格を勝ち取りました。


第7章で詳しくお伝えしますが、志望校を決める際にも、他人の意見（視線）にとらわれずに、「わが子に合った受験校探し」をするのが一番です。**人と比べず「よそはよそ、うちはうち」の感覚を大切にしていきましょう。**

53

悩みや課題を抱え込まない

「『恋は盲目』と言われますが、あのまわりの見えなさは、『中学受験に恋をしていたのかも』と思います。なんて、今だからこそかっこよく言えますが、当時は泥沼の恋でした」

卒業生のお母さんがくれた名台詞です。

子どもは、誰か一人が育てるべきでも、ましてや育てられるわけでもありません。さらにいえば、家族だけでも、はたまた、学校や塾だけで育てるべきでも、育てられるわけでもありません。子どもに関わるみんなが、チームで育てていく。これが、私が思う教育の基本の考え方です。

いろいろな悩みを、家庭だけで抱え込まないよう、必ず他に支えを見つけてみてく

ださい。

塾の先生にアドバイスを求めることはもちろんですが、子どもが信頼している習いごとの先生や、お父さん、お母さんが通っていた塾の先生がもしいるなら、その人にアドバイスをもらってもいいでしょう。

「うちは共働きだから、子どもの面倒を見る時間が少なくて不安です」という相談もよく受けますが、共働きが必ずしもマイナスになるというわけではありません。共働きで中学受験にチャレンジする家庭も増えています。

保護者が時間をかけて面倒を見られない分、子どもの自立が早い傾向にもあります。そうした子どもたちは「がんばって仕事をする親の背中」を見ているので、「親のためにもがんばろう」という気持ちになるようです。

うちはこうだから……などと**悩んでもしょうがないことは気にせずに、困ったら誰かに相談するように心がけておくとよいと思います**。子どもに「先生に質問に行きなさい」と言うのと同じです。

54

情報に踊らされない

中学受験では、過度な情報収集が不安のもととなることに注意が必要です。10年以上前と比べて明らかに情報は多くなっていますが、玉石混交であるのも間違いありません。今は、SNSを利用することができ、知りたくもない情報まで嫌でも目につく時代ですし、そのことで不安をあおられる時代だともいえます。

メールチェックの回数を減らしたり、スマホを見る時間を減らしたりするだけでも、平穏な精神が保たれます。**運転中に車間距離を取るように、適度な情報との距離が、不安を防いでくれます。**

お母さんがママ友から情報を仕入れて「○○くんは、すごいんだって」とわが子と比較するようなことは、まさに自爆行為です。とくに他人のプラスの情報は、子どもにとってストレス以外の何物にもならないと、心に刻みましょう。

55

子どもを存在ごと認める

子どもと会話をしていただけなのに、キャッチボールがいつの間にかドッジボールに、ときにはピンボールになってしまう。受け止めてもらうのではなく、ぶつけることが目的となって、あとから自己嫌悪に……という体験は、誰しもがあるでしょう。

「はだかにて　生まれてきたに　何不足」

小林一茶の句には、ささいなことに幸せを見つけられる人生のすばらしさが込められています。ただでさえ忙しい子育ての日々、**成績だけに目が向いてしまいがちなときにこそ、日常に転がっている子どものすばらしさに、気づいてあげてください。**

毎日コツコツがんばる。よくない成績でも凹まない。難問にも果敢に食らいつく。自分が疲れているのに親や家族のことまで気づかう。つらいときにはつらいと言える……。こんな子だったら、少々の偏差値の低さなんて気にならないはずです。

言葉がなくたって、子どもを信じて、認めていることは伝わります。

「入試が不合格で悲しかったときに、お父さんが何十分も何も言わずにずっとそばについていてくれた。がんばれとか大丈夫だとか言われたら、逆につらかったと思う。お父さんのあたたかい眼差しは、私は一生忘れない」

卒業生が、こんな思い出を語ってくれました。

存在をまるごと肯定してくれる、そんな保護者がそばにいることは、子どもにとってこれ以上なく心強いものです。

56

子どもを叱るのはこんなとき

どんなときに子どもを叱ればいいのでしょうか？　それは**「成績が下がったとき」などではなく「他人をバカにする行動をしたとき」**だと思います。**「他人を尊重する」ということは、非常に大事な人間関係の基本です。**自分より偏差値の低い子を見下したり、バカにしたりするようなことがあれば、しっかり叱るべきです。

また、他人が話しているときにそれを遮ったり、真面目な話をしようとしているのにふてくされて話を聞かなかったりするときも同じです。「自分に都合が悪いことは聞きたくない」と、コミュニケーションを閉ざしてしまうと、成長につながりません。

子どもの将来への想いを込めて、私はこの言葉を子どもたちに伝えています。

「『1を聞いて10を知る』ように賢くなくてもいい。

そのかわり、人の話は10（最後）までちゃんと聞けるようになろう」

▼仲良し3人組で乗り越えた受験

S君が第一志望の合格をもらったのは、2月3日のことです。仲良し3人組の残り2人は、同じ志望校の2次試験のために塾で対策中。そのとき、S君から電話がかかってきました。

「○○と△△塾にいる？　受かった俺が応援に行くのは微妙かな？」

私は、3人の間柄をよく知っていたので、塾にいる2人に確認。その後、S君が塾に来ました。合格の報告は一切せずに、その2人のもとに行ったS君。

「俺がいつも勉強しながら食べていた、お菓子を持ってきたよ。あと、合格したときに使った鉛筆も持ってきた。縁起がいいから、よかったら使ってよ」

合否が分かれていて微妙な雰囲気になったら嫌だな、と心配した私が浅はかでした。子どもたちの友情のほうが、合否よりはるかにすばらしいものでした。その2人も、翌日にリベンジを果たし、3人組は一緒の学校に通うことになりました。

他人を尊重できる子どもたちは、こんな素敵なエピソードにも恵まれます。

57 受験撤退は悪ではない

中学受験を広い視野でとらえるために、ここからはあえて、受験を辞めるときのこともお伝えします。

「中学受験をしないと負け組」
「第一志望の学校に合格しないと、その子の人生は終わり」
「偏差値○○以下の学校に入学するなんて意味がない」

少し極端な例を出しましたが、こうした偏った価値観に染まらないようにするには、人生を俯瞰的に見ることが必要ではないかと思います。

中学受験において「せっかくここまでがんばってきたから」と踏ん張ることも大事ですが、子どもの状況に応じて方針を変更することは悪いことではありません。中学受験は、人生にたくさんある通過点の一つです（私も転職しました）。

ただし、**受験をやめるときには、家族だけで結論を出してしまうことなく、まず信頼できる塾の先生などの第三者の声に耳を傾けたいものです。**

福沢諭吉のエピソードです。

福沢諭吉は、開国後の横浜に行って驚きました。通りの名前を示す表示板も、外国の商店に掲げられている字も、オランダ語の表記など一つもなく、すべて英語。オランダの学問だけを、国際社会に進む唯一のものだと考えて積み重ねた努力がまるっきり無駄になったのです。そしてその後が、福沢諭吉のすごいところ。その日のうちに「今まで習ったオランダ語をスッパリと捨てよう。そして、改めて英語を学ぼう」と方針転換をし、あとはみなさんの知る通りの偉大な人となりました。

人生という長いスパンで考えると、みんなが歩んでいる（ように見える）道すら、絶対ではありません。正規のルートから逸脱しても、必ず別の道はあります。**これでなければダメ、という狭い視野に陥らないよう、気をつけたいものです。**

あえて最後につけ加えます。がんばってきた道のりは、絶対に無駄にはなりません。

58

機が熟すまで待つ

中学受験で親子関係がうまくいかない原因の一つに、時間に関する感覚の違いがあります。ジャネーの法則という考え方もありますが、かんたんにいうと生きている時間が長い大人のほうが、時間をシビアにとらえるというものです。

大人は入試まで「もう」半年しかない、と思うのに対して、子どもは「まだ」半年もあると思うというわけです。焦る大人の気持ちを楽にするのは「機が熟する」という言葉です。来るべきときが来たら、なんとかなるという楽観も、ときには大事です。

実際、受験勉強そのものは「本番」ではなく、「準備」です。

「人生の準備にしっかりと時間をかけている」とプラスに考えると、子どもとの意識のズレも小さくなることでしょう。受験とは違いますが、長い時間をかけて準備したことが功を奏したすてきなエピソードを、一つご紹介します。

釜石市の小・中学校では、東日本大震災のときに、生存率99・8％という驚異的な数字を残しています。あの日学校にいた人は、１００％生き残ったそうです。それはなぜなのか、その理由は次の通りです。

当初、釜石市で行われていた防災講演会では、来場者は毎回同じ顔ぶれでした。つまり、もともと防災意識の高い人ばかりが繰り返し講演を聞きに来ていたということです。一番働きかけたい防災意識の低い人は講演会には来ていません。これはなんとかしなくてはならない、と、釜石市はあることを思いつきます。

それは、子どもたちへの防災訓練です。まずは10年かけて子どもたちへ防災教育をします。すると最初に教えた子どもたちは10年後に大人になります。さらに10年後には、彼らは親になります。こうすることで、防災意識が地域文化として根づくという作戦です。

20年腰を据えて防災意識を浸透させる予定だったところ、取り組みの5年目にして、大震災と大津波が町を襲いました。そして「釜石の奇跡」が起きたのです。

これを知ると、**「奇跡」ではなく「準備のたまもの」だったと思わざるを得ません。**

第7章

志望校との向き合い方

59

第一志望はどう決める？

「流れ星を見たら、光が消える前にお願いごとを3回唱える。もし唱えられたら願いがかなう」というのは有名です。いつ流れ星が見られるかわからないのに、願いごとを3回も言えるのは、その願いがずっと頭の中にあるからという説もあります。

本当に合格したいと心から願える第一志望というのは、がんばるためのエネルギー源となります。第二志望や第三志望よりも、最優先で決めたいものです。

第一志望は、**「模試の偏差値が上がったら○○中を受けてみよう」ではなく、「○○中を受けるためにがんばった結果、成績が上がっている」という順番が正解です。**

「偏差値の高い学校に入って、勉強についていけなくなったらかわいそう」という過度な心配も必要ありません。合格したということは、「その学校の授業を受けても大丈夫」という証明書をもらったと同義です。

勉強ができない子が、必ずしも肩身が狭くなることはありません。定期試験の結果を「順位」まで出す学校は少なくなっています。生徒会や体育祭や部活で活躍すれば、誰もが評価してくれます。6年間のうち何かで活躍できた生徒は、それが自信となり、結果的には、学習面にもいい影響を与えることになるでしょう。

ある私立中学の先生から聞いた話です。

「入試の得点と卒業時の学内順位の相関関係は見られません。それより、中学1年生のときの定期試験の結果と、明確な相関関係が見られます。憧れの学校に入学したんだからがんばろう、という気持ちが強いからではないでしょうか」

ただし、第一志望を考えるときに気をつけておきたいことがあります。保護者の顔色を見て、「〇〇中学に行ってほしいんだろうな」「この偏差値より上の学校にしないと怒られるな」という目に見えないプレッシャーを感じているということです。**自分で本気で合格したいと思わない限りは、やる気のエネルギーにはなりません。**子ども自身が心から「行きたい」と思える学校を、見つけるようにしてください。

60

途中で志望校を変えるときは

私は第一志望を大事にする派ですが、子どもの成長や価値観の変化によって志望校を変更するのはまったく問題ないと思います。ただし**成績を理由に第一志望を変えるときは、子どもの心に傷を残さないような大義名分が必要です。**

「成績が伸びなかったから」という理由で、子どもの憧れの学校を「受けることすらできなかった」と後悔するのは、できるだけ避けたいものです。

「今まで第一志望だった学校よりも、あなたに合った学校が見つかってよかった」
「この学校は理系の授業に力を入れはじめたから、あなたの夢にぴったりじゃない」
「スポーツを本格的にやりたいなら、通学時間はやっぱり大事だよ」

などと、しっかり話をして、納得のいく選択をさせてあげるようにしましょう。

61

学校はどこを見ればいい？

「行列ができるラーメン屋に『行列ができているから』という理由だけで並ばない」というのは、志望校選択の大原則だと思います。

昨今では、国際化、アクティブラーニング、ＩＣＴ、英語指導、海外留学への対応などは、強化していない学校はありません。親世代とは違い、「この学校はなんだか新しいことを取り入れていそう」という理由だけで志望校を選ぶのは危険です。

また、校名変更、共学化、付属校化、校舎の移転などを行った学校は、情報の露出が多いことと期待値の高さから、入学難度が高めになりがちなので注意が必要です。また、説明会でのアピールのみで判断するのもおすすめしません。改革前から通っている生徒がいきいきとしているかを確かめるほうがいいでしょう。

学校行事の盛り上がりも志望校選びの参考にはなりますが、行事はあくまで「特別な日」。普段の授業を見学するほうが、学校の空気をつかむのには手っ取り早いです。

先生が教壇の前で解説し、生徒が静かに黒板を写しているだけの授業も時代遅れになってきています。**生徒が主体的に授業を受けているかどうか、その学校の学習スタイルがわが子に合っているかどうかを、比較して見極めましょう。**

なかなか学校に直接行く機会がなくても、ホームページに生徒の写真や動画などを載せているところも増えています。

一部ではなく、たくさんの生徒が紹介されているホームページは、好感が持てます。

▼学校の外で生徒の「素」を見る

学校帰りの生徒の様子を何校か見に行きました。疲れが出ている学校帰りのほうが、生徒の素の表情が見られると思ったからです。

しつけが厳しいと評判の学校の生徒が、駅で大騒ぎしていたのを見てがっかりしました。逆に、それまで検討していなかった学校の生徒が本当に楽しそうに帰っていた様子を見て、一気にファンになりました。

「進学実績」も重要ですが、数字は客観的に見るようにしたほうがいいでしょう。私は、ランキングに出ている表は参考程度にとらえています。

大学入試後には、週刊誌で大学合格ランキングなどが特集されますが、卒業生数や現役・浪人の比率などが考慮されていない数字の場合もあるので、注意深く見ていきましょう。

東大や国公立大、早慶、上智などの難関大や、海外の大学への合格者数も大事な指標の一つではあります。しかしその一方で、**生徒の希望の実現のための大学、学部・学科にしっかりと合格できているか、という例があるかも大切です**。また、入り口（入学時）と出口（卒業時）の偏差値差が大きい学校は、確実に生徒を伸ばしている学校だと判断できます。

志望校選びは、いろいろな視点で見ることと、数字のみで見ないことが大切です。

進学後に濃密な6年間を過ごし、一生のつきあいとなる「母校」となります。学校の中にいると「なんか落ち着く」「ほっとする」というのも大事なポイントです。友だち選びや、配偶者選びと同じように考えてみるのも、いいかもしれません。

▼家ではできなかった鉄道の話

入試が近づくにつれ、「志望校や過去問の点数」などの勉強面の相談が多くなるものですが、その子は大好きな鉄道の話をしにくることが増えました（そもそも彼が東京最難関の男子校を志望したきっかけは、「たくさんの電車に乗って通えるから」でした）。

1月後半には鉄道図鑑を開き「先生、どのシートの色が好き？」というレベルまで話がマニアックになっていました。

さすがに止めようと思ったタイミングで、彼はこう話しました。

「先生、今までぼくの話につきあってくれてありがとう。家では勉強以外の話をしにくいムードだから、先生と話す時間が楽しみだった。お礼に合格してくるね」

見事、合格を勝ち取っていました。

62 学校説明会、文化祭・体育祭見学のポイント

学校説明会や文化祭、体育祭に行くときは、タイミングを見計らって、誘導をしている先生などに「ちょっと質問する」ことを心がけてください。

おすすめは、「算数が苦手ですが、どのような勉強をすればいいですか」と、勉強方法を聞くことです。もちろん、聞いた人だけが得する裏情報は聞けませんが、「うちは計算と応用問題などの配点がまったく同じなので、計算を重視するといいかもしれません」など、**子どもの勉強のモチベーションアップに効果的な情報が手に入ることも多いです。**

文化祭では、鉄道研究会に一日中いたり、焼きそばを食べたりしただけではもったいないです。その学校の生徒たちは、学校に後輩が来てくれるのはうれしいことなの

で、これも生徒たちのタイミングを見て、学校生活について聞いてみるのがいいでしょう。

模試や特訓に時間を取られてしまい、6年生になると忙しくなるので、学校見学は、4年生、5年生のうちに行っておくといいでしょう。また、学校名や校章の入ったタオルや鉛筆などのグッズが手に入るときはお守りとして購入しておくと、子どものモチベーションの維持につながります。

最後に大切なことをお伝えします。

「子どもと一緒に学校見学に行きます。どこを見たらいいでしょうか？」という質問の究極の答えは、「わが子の目が輝いているか」です。キラキラ輝いている目を見逃すことのないようにしましょう。

63

志望校の最終決定は「覚悟」を持って

「決断する前に、失敗を恐れない」
これは、何かを決定するときの鉄則です。

失敗を恐れる人や決断が遅い人の共通点に「完璧主義」があげられます。志望校を探すときに一番大事なのは、**自分の子どもに合う学校はあっても、「万人にとって『完璧な学校』は存在しない」と理解することです**。

「どうしても志望校が決まらない」という相談を受けたとき「○○君が行く学校が、一番いい学校になります。彼はまわりへの影響力があるので、どこに入ってもいい学校にしてくれますよ」と力説したこともありました。

「志望校は親が決めるのと子どもが決めるのとどちらがいいでしょうか?」

と質問をされることがあります。まずは、**志望校に限らず「中学受験の主人公は子ども」ということが軸足ではないかと思います。**ただし、子どもの経験値だけでは、適切な志望校選びが難しいのも事実なので、**親子で上手に相談をしながら決めてください。**

ちなみに、一番深刻なのは、両親の間で受験の意思が固まっていないケースです。お母さんが受験勉強を支えてきたのに、お父さんが直前に「公立でもいいんじゃないか」などと言い出す場合は、修羅場となる可能性が高いです。

また、保護者が「受けたい学校を受けさせてくれた」ということに、子どもは思っているより感謝しているものです。

これは、「合否にかかわらず」というのが大事な点です。**「最後は自分のことを信頼して任せてくれた」というメッセージを、子どもたちはしっかりと受け取っています。**

64

志望校に名前負けしない

第一志望校のことを「憧れの学校」と表現することがあります。

「憧れること」は大事ですが、「自分の手が届かないくらいにはるかにすごい学校」という印象が子どもにつきすぎないように、気をつけていきましょう。

もしもうまくいかなかったときに、「どうせ憧れだったから」などと自分自身に言い訳をしてしまうのは残念なことです。

以前、講演会でこういう話をしたことがあります。

「イタリアの伝統ある帽子メーカーが『日本円で20万円以上もする超高級な帽子をかっこよく被る方法』を説明していました。こんな高い帽子をどう被ればいいのか、鏡の前で、ああでもないこうでもないと悩みそうですが、『気にせずにさっと被る』が正解です」

超高級といっても、「たかが帽子」ですから、「被るあなたの価値のほうがはるかに高い」というのが、その答えの根拠です。

志望校の偏差値が、たとえば70だとしましょう。では、わが子の偏差値をつけるとすればいくつでしょうか。勉強面を一度忘れて、数字をつけるとすればいくつでしょうか。

学校の価値よりも、わが子の価値のほうがはるかに高いのは間違いありません。もし、志望校について子どもが過度に気負ってしまっているようだったら、**「当たり前のことを言うけど、〇〇中より、あなたのことのほうが、比べものにならないくらい大事だよ」と伝えてあげてください。**

65

どこを併願するかで迷ったら

中学受験は、午後入試や即日発表などもあり、併願作戦を立てるのはまるでパズルのようですが、第一志望を受けるためにも、併願校は重要です。

併願作戦を練るときのポイント

・「どこを受けるか」より先に「ここはナシ」という学校を消すほうが、選択肢を見つけやすいでしょう。

・第二～四志望の序列を決めることに大きな意味はありません。第一志望は、モチベーション維持のために明確に、それ以外は「遠いけど進学実績はよい」などプラスマイナスの両面があるので、どこを選んでも大差ないと思いましょう。

・偏差値は「入学難度」であり、学校の価値とは別物という大前提に立ちましょう。

66

私立校と公立中高一貫校は併願できる？

結論から先にお伝えすると、私立校と公立中高一貫校の併願は可能です。

以前は、対策が二本立てで難しいという理由で敬遠されがちでしたが、近年では、私立中学の入試問題と公立中高一貫校の適性検査の問題傾向が少しずつ近づいているように思います。

公立中高一貫校では、学校教育法で学力検査を禁じられているため、「入学試験」ではなく「適性検査」という言葉を使います。さらに、「面接」「報告書」「グループワーク」などを組み合わせることで合否が総合的に判断されるというのが特徴です。

適性検査対策についてはまずは、小学校の授業をしっかり聞き、教科書を読み込むことです。算数・国語・理科・社会だけではなく、家庭科や音楽、体育に関する出題もあります。

また、社会や理科では、4年生から6年生までの内容が問われます。さらに、**「なぜそうなるか」「毎日の生活とどうつながるか」「もし自分だったらどうするか」など、興味を広く持って、自分で考え、調べていく習慣をつけることが大切です。**

算数の過去問を見ると、私立中学の模試などと比べて問題文の長さに驚きます。しかも、適性検査の試験時間は小学校の授業時間と同じ45分で統一されています。

そこで、まずは**問題文や資料などの必要な部分に線を引っ張り、「何を聞かれているのか」を素早く読み取る力をつけていく必要があります。**本や新聞を読んで、活字に触れる機会を増やしておくといいでしょう。また、正確かつスピーディな計算力をつけておく必要もあります。計算については、一朝一夕では身につきませんので、毎日練習しておきましょう。

受験する自治体によって倍率も、入試問題の難度も違いますが、併願校の一つとして考えると受験の幅は広がります。ただし、「二兎を追うもの一兎をも得ず」にならないように、勉強の軸足をどちらに置くかは明確にしておくべきでしょう。

67

「合格者」と「入学者」は違う

「ギリギリの成績で合格しても、入学後についていけなくて大変そうなので、偏差値に余裕のある学校を受けたほうがいいでしょうか」

よくあるこの質問について、中学入試の特徴から説明します。

中学入試は、一人で複数回受験し、複数の学校に合格します。以前、願書を出した学校すべてを受験し、1月入試や午前午後入試を含めて11の学校に合格した子もいました。

仮に、偏差値60の学校があり、合格する子は偏差値52～68だとします。偏差値60で合格した子は、入学後は真ん中の成績になると思いきや、実際は上位のことが多いです。なぜなら、**中学入試は一人で何校も受験できるため「偏差値の高い生徒は、より上位の中学に進学するケースが多い」からです**。合格者と入学者の偏差値には差があるのです。

合格者がどんな成績でも、シンプルに「その学校に合格するだけの力があった」ということなので**「入ってからついていけるかどうか」という悩みの先取りをする必要はありません。**

もう一つ、**「合格＝その学校に合っている」証拠です。**

授業で論文を書かせる中学校は入試でも記述の出題が多く、理科の実験観察を重視する中学校は実験観察に関する問題が多く出題されます。また、基本問題を中心に出題する学校は、学習指導がていねいに進みます。これが、「入試問題は学校の顔」とも言われる所以です。

冒頭のような悩みが出てくるのは、合格への不安と戦っているタイミングでしょうから、次のページのような志望校の入試問題の傾向を、落ち着いて分析してみるのもいいでしょう。

・**基本問題がほとんどだが、合格最低点が高いVS難問が多いが、合格最低点が低い**

・**得意教科があれば、大きく差がつくVS４教科のバランス重視（４教科の配点が同じ）など**

・**問題数が多く、スピード勝負VS問題数が少なく、途中点の稼ぎかた勝負**

というふうに、特徴が正反対の学校がたくさんあります。配点も制限時間も問題傾向も、千差万別です。先述の通り、入試の特徴は学校の特徴と似る傾向があるので、合格したら「入学後なんとかなる、なんとでもなる」と思ってください。

第8章

学力を伸ばすためにできること

68

算数にセンスは必要ない

中学受験塾に入って一番苦労するのは、おおよそ算数の可能性が高いです。「旅人算」「過不足算」「ニュートン算」などの特殊算は、小学校で習う内容とはまったく別物です。

「男子は算数が得意で、女子は苦手」などとも言われますが、**「努力によってなんとでもなる」ものです**。とくに5年生ごろまでの偏差値は、言われたことがきちんとできるかどうか、真面目かどうかだけで決まっているといっても過言ではありません。

算数が難しいと感じるのは、（中学受験をしていない）保護者が解けない、教えられないからというのもあるかもしれません。逆に大人だと、国語は人生の経験値で解けることがあるので、より算数の難しさが際立つのでしょう。

また、算数では選択問題もないため、当て勘で点数が取れることもありません。他教科では少し考えにくいような低い点数を取る可能性が十分にあるでしょう。入塾後のテストで「100点満点かと思ったら150点満点だった……」とショックを受けることも十分あり得ます。

算数のワンポイントアドバイス

・まずは「計算」ができると、模試の点数が安定します。ただし「計算ぐらいは」と言えないほど、難度が高いことを理解しておきましょう。
・算数嫌いな子は、図やグラフを描くことが苦手です。まずはまっすぐ線を引く練習のために方眼ノートを購入するのもいいでしょう。
・算数のノートでは消しゴムを使わないようにすることも、一つの手です。算数の練習のときに消しゴムを保護者が預かっていた家庭がありました。間違った過程を残す習慣がないと、やり直しができなくなります。

69

語彙力をつけたいなら

中学入試の国語の文章問題では、高校入試や大学入試で扱われてもおかしくないテーマが出題されることもあります。「VR」「ジェンダーギャップ」「子ども食堂」「宗教」「介護」などがテーマになることだって、いまや特別ではありません。

大手塾の国語の授業は、週に2回程度が平均だと思います。ですから、世の中のことに興味を持つきっかけづくりという観点では、家庭での会話が重要になります。「子どもにこんな難しい社会問題を言ってもわからないだろう」などと考えず、**食事のときや車移動のときなど、短時間でもいいので、ニュースで話題になっているような社会問題について会話するようにしておくと、ちりも積もれば山となります。**

難関中学をめざす子は、雑学的な知識や一般常識まで、幅広く身につけていることも求められます。わからないことや興味のあることは、保護者と一緒にパソコンで「調べてみること」、そして関連する項目があったら「ふくらませてみること」というのも大切です。

また、文章を読んで出てきた**わからない言葉を辞書で調べる力も、今のうちにつけておくべきです**。

ただし、小学生向けの辞書には調べたい言葉が載っていないけれど、大人向けの辞書では解説に使われている言葉が理解できずに、さらに辞書で探して無限ループ……ということもあります。入試は時間との勝負でもあるので、辞書で行き詰まったらパソコンで検索をするのもありだと思います。パソコンだと、理解できるところまで細かく調べやすくなります。

70

記述のスピードを上げるには

長い目で見ると、大学の論文やレポート、社会に出てからの資料作成やビジネスメールなど、生活を送るうえで文章を書かずにすむ日はありません。小学生のうちに身につけた「記述力」は、一生使える大きな武器になります。

よく話すのに、記述問題になるとたんに鉛筆が動かなくなってしまう子は、「書き言葉」に慣れていないかもしれません。対策としては、**読書を通して名文に触れることが王道ですが、忙しい受験生は朝日小学生新聞の「天声こども語」を上手に活用する**といいでしょう。

「天声こども語」をノートへ書き写すのを習慣化すると、「同じ時間で書ける文字数」が増加していきます。日本語は、主語と述語が離れたところにあるので、一度にとらえることができる文字数を増やすことで、理解力も飛躍的に向上します。また、「天声こども語」は直近のニュースが題材になっているため、読んでおくだけで社会の時事問題対策にもなります。

実際にやってみるとわかるのですが、書き写すスピードは子どもによって大きな差があります（373文字を写すのに、5～15分ぐらいの差があります）。模試や入試で出題される記述問題では、記述の文字量が想像しているより多いものです。書き写すのが遅い子は、内容がわかっているのに時間オーバーになってしまうというもったいないことも起こります。読むスピードばかりが気になりますが、**書くことにも慣れておく練習もしましょう**。

71

記述問題を空欄にしないコツ

「国語の模試結果を見ると、記述問題の解答が空欄ばかりです。受験する学校は、記述問題がたくさん出るのですが、このままで大丈夫でしょうか」

こんな相談をよく受けますが、普段は日本語を使ってコミュニケーションがとれているはずですので、**「練習をしたら書けないことはない」ということをお伝えしています。**

100字程度の記述でも長いと感じる子には、まず苦手意識をなくすことが必要なので、私はこんなふうに伝えています。

「X（旧Twitter）という150字程度の文を書くSNSがあるんだけど、150字くらいは『つぶやく』レベルなんだよ。難しく考えすぎなくても大丈夫」

わかりやすい文章にするためのポイントは、次の通りです。

一文を短くする

一文を短くすると、何を伝えたいのかが明確になり、リズムがよくなります。また主語・述語のねじれもふせげます。

たとえば、「今日は雨が降っていたので塾に行きたくないと思い、お母さんにそう言ったら叱られた」という文は、「今日は雨が降っていた。だから塾に行きたくないと思った。しかし、お母さんにそう言ったら叱られた」のように、一つひとつを短くします。

かかる言葉（修飾語）の順番に注意する

かかる言葉が2つ以上ある場合は、順番に注意します。

たとえば、「かわいい帽子をかぶった女の子」は、「かわいい」と「帽子をかぶった」と、説明する表現が2つ続きます。したがって、言葉の順番を整理しないと、「かわいい」のが「帽子」なのか「女の子」なのかわかりにくくなってしまいます。そこで

「帽子をかぶったかわいい女の子」とすれば、「女の子」が「かわいい」ことがはっきりします。

意味の重複がないか意識する

意味の重複は意外に多いものです。「ぼくの将来の夢は、医者になるという夢です」などのように、同じ言葉が出てきていないかも注意しましょう。「貯金を貯める」は「貯金をする」となります。

よくある間違いは「過半数を超える」です。「過半数」にはもう「超える」という意味が含まれているので、「半数を超える」「過半数になる」が正しい表現です。

最初は、原稿用紙（枠）の使い方などを細かく指摘したりせず、書こうとする意識をそがないように自由に書かせてあげましょう。**まずは多少、内容には目をつぶって、短い文からでも「書く」ことを習慣づけるといいでしょう。**

72

効率的な暗記方法

いつも成績上位の生徒は、実は基本が盤石です。たとえば国語で漢字や語句知識を落とすことはまずありません。普段の小テストでも、満点が当然だと考えましょう。**暗記すべきことがしっかり頭に入っていると、模試の成績がブレることがなくなり、精神的にも安定します。**

勉強をしているのに、なかなか用語が覚えられない子は、次のような暗記のコツがつかめていないだけかもしれません。

五感を使う

「テキストを眺めているだけ」では視覚以外の感覚を使っていません。音読してみたり、手を使って書いてみたりというように、できるだけ五感を使うことが大切です。理科や社会は、文字だけではなくイラストや映像などを活用してインプットするようにすると記憶に残りやすいものです。「NHK for school」などの無料動画を活用するのもおすすめします。

毎日少しずつが原則

模試直前に慌てて覚えた記憶は、長く覚えていられません。5年生で学習した内容が6年生でもう一度登場したときに、何も覚えていないというのはよくあること。「月・水・金の寝る前10分は、社会の暗記時間」など1週間のスケジュールを決めるのもいいでしょう。寝ている最中に記憶が定着するという脳のしくみを活用できるので、夜の時間はとくにおすすめです。

アウトプットの時間を取る

インプットだけでなく、アウトプットをして「思い出す」という作業をすることも忘れずに。繰り返しアウトプットをすることで、脳は「この情報は大切なもの」と判断して、それが長期記憶に変わります。

一問一答の問題は、短時間で量をこなせるので練習には最適です。120ページでも紹介したように、家族でクイズのように楽しむのもいいでしょう。答えられなかったものをチェックしておいて「つまずいたものだけ」再度チェックできれば万全です。

最初から漢字で覚える

社会の用語は、国語よりも難しい漢字で出題されます。ひらがなで覚えておいて、あとから漢字で覚え直すのは効率が悪くなります。

たとえば、「こんでんえいねんしざいほう」と覚えるのではなく、「墾田永年私財法＝開墾した田んぼは、永久に私財にできる法律」と言葉の意味を考えながら覚えていくようにしましょう。

歩きながら覚える

これはちょっとした裏技です。机にかじりついてばかりだと、どうしても脳が活性化されません。当然、暗記の効率が悪くなります。部屋をぐるぐる歩きながらテキストを音読していたら、暗記が得意になったと教えてくれた子もいました。

73

集中力をアップさせる秘訣

「うちの子は集中力がない」と悩んでいる方、ご安心ください。保護者会で「子どもの集中力で悩んでいる方」と質問すると、ほぼ全員の手が上がります。

集中力は先天的に持っているか、持っていないかではなくて、鍛えるものだと理解してください。


即効性があるのは、**勉強中に余計な気が散らないように、机のまわりにある漫画などを視界に入らないようにすることです**。キャラクターの鉛筆や筆箱を避けるのも効果的です。本人のやる気ではなく、まずは環境を整えることを考えてみてください。

次に授業でよく使うのが「あと5分で休憩！」と、時間を区切ってラストスパートをかける声かけです。人間は「遠くの大きなごほうび」より「もうちょっとで味わえるプチごほうび」のほうに魅力を感じます。「あとちょっとがんばれば休憩だ」という心理を上手に活用したいものです。

また、正しい椅子の座り方を身につけておくと、「疲れて勉強に集中できない」が激減します。よい姿勢とは、肩の力が抜け、背筋がピンと伸び、重心が左右に偏らず、体の真ん中にある状態です。**本当に集中できるのはわずかな時間です。限られた時間で効率よく学習するために、無駄なエネルギーを脳に使わせないことを意識してください。**「疲れずに座り続けられるコツ」の裏技を伝授します。背筋を無理やり伸ばすよりも、足の裏を床にぴったりとつけることを意識すると、後ろに傾かなくてもバランスが取れて負担が減ります。お試しください。

体力が落ちているときに「集中して勉強しろ」というのは、眠いときに気を張って運転し続けることができないのと同じです。睡眠時間の確保など、健康管理を通して集中力の土台を作ってあげてください。

74

見やすい字を書くためにすぐできること

「何度注意しても字が汚い」「数字が0なのか9なのかわからなくて計算ミスをしている」というのは、保護者の悩みあるあるです。子どもからしてみると「速く解くために、きれいに書いている暇はない」「今は汚いけど、入試本番には直すつもり」という気持ちのようです。

最近は入試のデジタル採点を導入している学校も増えているので、機械で読み取れない薄い字や、枠をはみ出した字は、採点から除外される可能性もあります。**美しい文字をめざさなくても、せめて誰にでも正しく判別できる文字が書けるようにサポートしてあげましょう。**

かんたんにできる対策

テニスではラケット、野球ではバットの持ち方から習うように、まずは**鉛筆の持ち**

方をチェックしましょう。正しい持ち方はインターネットでも検索できます。

また、低学年の子や腕の力が弱い子は**Bや2Bの鉛筆を使うようにすると、長時間疲れずに書くことができます**。

字をきれいに書くには習字が効果的です。その理由は2つあります。

1つめは、体全体を使って字を書けること。鉛筆では、手首から先を使って小さくて細い文字を書きますが、習字では、半紙いっぱいに太い文字を、腕や肩まで動かして書くので、正しい文字を体で覚えることができるのです。

2つめは、墨を使うこと。墨は字が重なる部分でより濃くなって奥行きが出るため、字を立体的にとらえることができます。漢字の書き順を覚えるときに、とくに効果的です。

習字教室にわざわざ通うのは大変なので、100円ショップでも手に入る筆ペンなどを使って家で練習するのもおすすめです。

75

やる気が出ないときこそ、やりはじめてみる

作業興奮という言葉があります。いったん手をつけてみると、刺激によって脳が興奮し、どんどんやる気が起きてくるというものです。某塾では、授業前30分にテストをしていますが、脳のウォーミングアップのために合理的だといえるでしょう。

何かをやろうとするときに、手っ取り早い方法は、とにかくはじめてしまうことです。苦手と思うことでも、取りかかってしまえば、そんなに大変ではなかったという経験は誰しもがあるのではないでしょうか。

心理学者のズーニンは、「何かをはじめるときに、最初の4分間のスタートを切ればあとはうまく進む」と提唱しています。人間は行動の初動で一番気が重くなります。自転車のこぎはじめが一番つらいのと同じです。まず4分間やってみると、気が重い

状態、心理的な負担が少なくなり、物事は進みやすくなるとされています。

▼悩んでも努力をやめない

ある男子は、6年生になっても志望校が決まらずにいました。まわりが志望校について具体的になり、どんどん受験態勢になっているのに、「ぼくは何のために受験するのだろう？」と迷って、成績は下がり気味。5年生では偏差値60を割ったことがなかったのに、そのとき40台なかばまで急降下してしまいました。

その子には、面談でこんな話をしました。

「将来を考えるのは大事だけど、悩みながらも必要なことはやるべきだって、忘れないで。悩むたびに、すべての努力をストップする人生なんてあり得ないよね」

「先生は他の人からも同じような相談を受けているし、悩みを表に出さない人もいる。みんな悩みなんかなくて、自分だけ悩んでいると思ったら大間違いだよ。これは、成績がいい人は最初から頭がよかったんだと決めつけるのと同じ。成績がいい人は、家で努力していると思って、自分もがんばろうと思ったほうがいい」

「勉強は自分のためだけではなくて、他人のためでもあるよ。仕事は、他人を幸せにしてお金を稼ぐということ。医者は患者の病気を治すため、料理人はおいしい料理を食べてもらうため、ゲームのプログラマーは子どもたちに楽しんでもらうため。どんな仕事でも、勉強してその仕事に必要な技術を身につけないといけない。『まったく勉強していない、でも自分は医者としてがんばりたい』という人に病気を診てもらうのは嫌だよね。中学受験の勉強は、将来の仕事につくための勉強の最初の基礎を学んでいると思ってほしい。だから、今勉強していることは絶対に無駄にならないよ」

その日は、よくわからないような顔をして帰っていきました。

しばらくして第一志望の説明会に行ったときに、校庭の石をこっそり持って帰ってきて、「合格のお守りにするんだ」と見せてくれました。

彼は、考えすぎずに、とにかく行動したことがよい結果となったようです。お守りの石は、入試本番も筆箱の中に入っていました。そして、その石は入学後にそっと学校に戻したということです。

第9章

本番までの半年間をどう過ごすか

76

夏期講習の効率的な過ごし方

「夏が受験の天王山」と言われます（塾では、「○○が天王山」といつも言われがちですが笑）。

夏休みは、学校に行かずに長い勉強時間が取れる勝負の季節であることは間違いありません。とくに6年生の夏期講習は、全単元の復習をするカリキュラムの塾がほとんどです。やってもやっても新しい単元が出てきて達成感を得づらいのも、夏期講習の特徴です。ぜひ、**通っていることそのものをほめてあげてください**。

夏期講習は、1日に長時間勉強することになります。疲れた状態で次の日を迎えても、勉強の効率は落ちます。**休みの日にスケジュールを詰めまくるのではなく、しっかりリフレッシュできるように心がけましょう**。

77

模試はこうして活用する

模試は、子どもの力試しという位置づけ以外にも、いくつかメリットがあります。

まずは、**入試本番と同じ状況に身を置く経験ができるということ**。受ける予定の入試と同じ時間の模試を選ぶと、朝からどんな行動をすればいいかという練習になります。とくに、試験会場が受験校になる可能性が高い模試は、最優先で受けるべきです。トイレの場所、時計の位置、椅子の高さなどを体感できていることで、本番も安心しやすくなります。

もう一つは、**「試験前」という締め切りの意識ができること**です。「次の模試までに○○を覚える！」など、勉強のモチベーションアップに活用できます。

一方で、模試の結果を必要以上に気にして、メンタルが落ち込んでしまうというデメリットもあります。

「毎回の模試成績がどうしても気になる。先生、なんとかなりませんか？」という相談を毎回する保護者がいました。その方とは相談し、模試の偏差値や順位が書いてある部分を私が入試まで預かり、答案と設問別の正答率のみ渡すようにしました。そうすることで、必要以上に心を揺さぶられることなく、苦手なところを重点的に復習することができました。

最後に、模試の成績が気になりすぎてしまうときの超裏技をお伝えします。

一度、保護者のみなさんが模試を解いてみることです。**「うちの子は、こんな難しい問題にチャレンジしているのか」と、結果だけでなく、それまでの子どもの努力にも気づくことができるかもしれません。**

78

模試の結果との向き合い方

返却された模試の結果は、「答案状況」を把握することが大切です。

「かんたんな問題は全部解けたけど、難しい問題が解けなくて80点のA君」

「かんたんな問題はミスが多かったけど、難問は○がいくつかあって80点のBさん」

の偏差値は同じになります。

実際の入試の合否は、受験校の出題傾向によって異なってきます。ですから、**「うちの子の偏差値は○○だから、この学校は受かるわけがない」なんて思う必要などありません**。逆に「偏差値が高いから、このおさえの学校は余裕だろう」という、なめた気持ちに足をすくわれないようにもしなくてはなりません。

模試は「間違ったものすべてをやり直ししなくてはならない」と思わず、次のページのように優先順位をつけてやり直しましょう。

絶対やるべきこと

・漢字や語句知識、理科や社会の用語で間違ったところの復習
・計算で間違った問題の復習、問題の読み間違いで失点したところの復習

復習の優先度　大

・時間があれば解けた問題
・算数の一行問題（その単元の基本問題）

復習の優先度　中

・解説を見たら「解けそうだな」と感じる問題
・算数の大設問であれば、一つ前が解けていた問題

復習の優先度　小

・解説を見ても「難しそうだな」と感じる問題の復習
・習った覚えのない単元の問題（入塾前に授業が行われた可能性大）

79

秋から「やらないこと」も決める

6年生の秋以降は、何を詰め込むかより、何を削るかという引き算が大切です。

どうしても合格したいという焦りや、できないことが多いという不安から、たくさんの課題を与えたい気持ちになるのもよくわかります。しかし、「やらないよりはやったほうがいいかも」を積み重ねていったらキリがありません。

ただし、子どもには自分で何をやらないかの判断をすることは難しいですし、真面目な子や負けず嫌いの子はそもそも「やらないこと」を嫌がります。**信頼できる塾の先生にも相談しながら、秋以降の課題をコントロールしてあげましょう。**

過去問は早めにチェックする

出題形式や、苦手分野の出題頻度などを確認します。解答欄の大きさを見れば、記述の量もだいたいわかります。科目の配点を見るのも、戦略の大前提です。配点の高い科目や、合格者平均と受験者平均の差の大きい科目（主に算数）の優先順位を上げましょう。

余計なことを覚えようとしない

暗記にあてられる時間は限られているので、必要ないことまで覚えようとしないことです。とくに理科や社会で、瑣末な知識を出題する学校は少なくなっています。

多すぎる宿題は取捨選択する

塾の宿題は、基本的に各科目の先生が「やってほしい」量が出されます。特定の科目の宿題が多くて他の教科を圧迫しているような場合は、「これはしなくていい」という判断を保護者がしてあげてください。

ときにはプライドを捨てて基礎固めを

難度の高い過去問をやり続けると「何がわからないのかわからない状態」になることもあります。そんなときは、プライドを捨てて基礎の復習に時間を割いてください。

「入試までにすべての弱点はなくならない」と覚悟を決める

学校のホームページなどで過去問の最高点を見ると、100点というのは超レアケースで、最高でも80点台ということは珍しくありません。完璧をめざす必要はないので、合格点にこだわりましょう。中学入試で満点を取る子なんて存在しません。どんな優秀な子でも、必ずいくつか苦手を残したまま本番を迎えます。

スマホでのやりとりは必要最小限に

友人関係のトラブルで思わぬダメージを受けないために、スマホには注意が必要です。やりとりをするときは「受験する学校や成績を言わない」「相手の受験する学校や成績を聞かない」というルールを徹底しましょう。保護者同士のＬＩＮＥグループなども、メンタルのプラスになるか、マイナスになるか、冷静に判断すべきです。

「やらないことを決め、やると決めたことに集中する」が勝利の秘訣です。

80 過去問にチャレンジするときのポイント

家で過去問にチャレンジするときは、次のポイントをおさえておきましょう。模試と同じく「本番さながら」の緊張感で演習することがスタートです。「入試のときは上履きなので、家でも履いて問題を解いてみました」という方もいました。

・塾の授業も模試もない日を選ぶ
・第一志望の学校の試験を想定した起床時間を決める
・試験を想定してパジャマから着替えておく
・第一志望の学校の試験時間通りに過去問を４教科解く
・休み時間も規定の時間に合わせる（学校のホームページで確認できます）

余裕があれば、ごはんを食べて、午後入試にチャレンジするのもいいでしょう。

過去問は、なかなかよい結果が出なくて焦るかもしれません。そもそも**入試まで数ヶ月ある時点では、かんたんに合格ラインに到達できないものです**。どの時期に第一志望の学校の合格ラインを超えたかたずねると、1月という人がほとんどです。1回も超えたことがなかったというケースも、もちろんあります。

過去問は戦略勝負です。どの問題に何分かけるか、どこから着手するかを頭に入れながら解くことが大切です。

最初の3分は全体を見る時間に、最後の3分は見直しではなく途中式を書く時間にあてるようにしましょう。「最後の時間に見直しできる」という意識が甘えにつながり、ミスを生んでしまうことがあります。

そして、**子どもがミスすることより、過去問に真剣に向き合えないことを恐れましょう**。解いている途中でまだ時間があるのに、解くのをやめたり、見直しをサボったりするようなことがあれば、厳しく注意してください。

81

入試まで1ヶ月を切ったら

「ここまできたら、さすがに受験をやめるなんて言わないだろう」という油断は、思わぬ落とし穴になります。**入試まで1ヶ月を切ったら、子どものメンタルを安定させて、最後までやり切るように支えることに注力してください**。

中学受験は、本来チャレンジしなくてもいい入試だということを忘れてはなりません。公立中学に仲のいい友だちが行くから、不合格が怖いから、自信がなくなってきたから、など、断念する理由はいくらでもあります。実際、入試がはじまってからも、「もう明日は受けない」とパニックになってやめてしまう例だってあります。

この時期は、**子どもにできるだけ自信を持たせることと、目の前の課題に集中させることが大切です**。最終的に、保護者の役割は体調管理とメンタルケアに尽きます。

82

入試まで2週間を切ったら

塾を休んで家庭で最後の追い込みをする、ということも考えられますが、メンタル面で行き詰まることもあります。そういうときこそ、百戦錬磨の塾の先生を頼ってください。

この時期は、保護者の焦りが子どもに影響しやすいので、まずは「どっしりとかまえる」ことを意識しながら、次のことを心がけましょう。

教材の難度を落とさない

やさしいレベルの教材ばかり解いて「できるようになった」と錯覚してしまうと、入試の少しの傾向の変化でパニックに陥ります。過去問の中でも難度の高い学校のものを解き、持っている力をすべて出し切らせることを、一度はやっておきましょう。

新しい教材に手をつけない

場当たり的に新しい教材を渡さないことです。やり切れない場合は、「やっていないところがある」という不安も残ります。全単元の復習をするなら、夏期講習の教材が使えます。

必要なら過去問に再チャレンジする

合格ライン周辺の子は、過去問を、合格点を超えるまで解いてもらいます。これはあくまで「志望校の傾向の再認識と自信づけ」がねらいなので、苦手科目のみ、2年分ぐらいで十分です。「合格のイメージ」をもって当日を迎える準備です。

この3つが完璧にできなくても、焦る必要はありません。ただし、**最後まで成績が伸び続けることを信じて粘りましょう**。あれこれ悩ませず慌てさせず、淡々とこなすことが大事です。

83

緊張をコントロールする方法

中学受験は、人生の経験値の少ない12歳の子どもの受験です。本番で悔いのない受験にするためにもメンタル面のコントロールが重要になります。子どものメンタルを安定させるために保護者ができることをご紹介します。

○「緊張しなくていい」→「リラックスしよう」

「緊張しなくていいよ」と声をかけても、人は緊張してしまいます。潜在意識では「しなくていい」という否定形を理解できないため、「緊張」という言葉だけに反応してしまうからだそうです。つまり、かける言葉の正解は「リラックスしよう」などのように、肯定形の言葉ということです。

緊張して眠れないなら

将棋の羽生善治さんがトークショーで話していたことがあります。

「受験の前夜、緊張で寝られずに、日ごろの勉強の成果が出せないことが心配です」という質問にこう答えていました。

「緊張によって眠りが浅くなることは自然です。一つの対策は、大事な日が控えている2日前によく寝ておくことではないでしょうか。そうすれば、前夜眠りが浅くなっても、最低限の頭は働いてくれます」


不安や心配でぐっすり眠れない夜の特効薬は、「難しい本」です。難しい本を読むと、その苦痛を取り除くために鎮静効果のある神経伝達物質が分泌され、自然と眠くなります。

「あまり好きじゃない理科の資料集を寝る前に見ていたら、よく眠れた！　しかも、毎日見ていたから、理科ができるようになった」と報告を受けたことがあります。ただし、視力低下を防ぐために、寝る前でも最低限の明かりはつけてください。

深呼吸は「吐くこと」に集中する

一番効くのは深呼吸です。深く呼吸をする→血流がよくなる→緊張で偏った血流をもとに戻す→緊張をほぐせる、というしくみです。緊張が高まると呼吸が浅くなり、うまく息を吸えなくなるので、「吐くこと」に意識を集中するといいでしょう。

前日も当日も「いつも通り」を貫く

メンタルを保つコツは、「自分の中でルーティンを決めてそれを地道に守ること」です。ルーティンを守ると「いつも通り」であることに安心できるからです。決まった時間に起きて、顔を洗い、朝ごはんを食べる……と、いつも通りを貫くことが、実はとても大事です。

84

受験前日と当日の過ごし方

勝負に臨むときの鉄則は、「迷いなくやり切ること」です。勢いをつけて試験会場に送り出しましょう。試験会場へ向かう子どもたちの背中は本当に美しく、そして頼もしいものです。

入試数日前からは、漢字や計算練習の答えが多少間違っていても○をつけてください。どんな形でも、自信たっぷりの状態にすることです。当日、会場前で、「今朝の計算も間違ってたから、本番では気をつけるんだぞ」なんて、最悪の声かけです。

▼「奇跡の答え」で笑顔になった日

毎朝子どもと一緒に計算練習をしているのですが、入試前の5日間、答え合わせは全部○にしました。おまけに、入試当日はオリジナルの計算問題を作って、最後の答えを本人の受験番号にしてあげました。「なあ、奇跡が起きたぞ。今までのがんばりを神さまが見てくれていたんだ！」と伝えて、笑顔で入試に送り出しました。結果は、見事合格。本人も喜んでくれたようです。作戦は大成功でした。

受験生本人からも、そのあとに話を聞く機会がありました。

「うん、お父さんが演技してたの、気づいてたよ。でも、いつも怖いお父さんが私のための問題も作って演技までしてくれたのが本当にうれしかった。『絶対に間違うもんか』って気合い入れて解いたんだ」

バレてはいましたが、父の愛はきっちりと伝わっていました。

子どもは、入試会場ではたった一人で問題と向き合わないといけません。長い間一番近くで努力を見ていたみなさんにしか言えない言葉を、かけてあげてください。

「今まで本当によくがんばってきたね。自慢の子だよ」

「たくさんの悔しい経験、つらい経験が最後に盾になり守ってくれるよ」

「この中学校に一番合っているのは君だ！」

「大丈夫！　胸を張っていこう！」

85

入試期間はこう乗り切る

中学受験は「自分の受験ではない」というどうしようもなさが、保護者にストレスとなってのしかかります。私も「何度、子どもたちのかわりに受験したい」と思ったことか。ここでは、息つく暇もないほどの目まぐるしさで過ぎていく入試期間をどう乗り切ればいいかを説明します。

困ったら塾へ

子どもに「私、受けたい」と真剣な顔で言われたら止められないですし、「もう無理だと思う」と泣かれたら受けさせられません。**子どもの気持ちがなかなか落ちつかないようなら、家庭で抱え込もうとせずに、すぐに塾に相談しましょう。**

残念ながら不合格だったときは

子どもは、不合格がわかったときの保護者の表情の変化を敏感に察知します。まずは、つとめて平常心を。**赤ちゃんのときからそうしてきたように、子どもを支え続けていくことこそが、保護者が唯一できることです。**

落ち込んでいる子に、自分の失敗談を語れる保護者は最強です。あるお父さんは、高校のときに、自分のエラーで最後の試合に負け、全国大会出場の夢が断たれた話をしたそうです。「あの失敗に比べれば、他人に迷惑をかけない不合格なんて、失敗と言えないよ」と心から伝えたその言葉は、確実にその子の勇気につながったでしょう。不合格でつらい思いをしているのは、決してわが子だけではありません。

▼「こっちが学校を蹴ってやりますよ」

帰国子女で、国語がとにかく苦手な子がいました。5年生で入塾したときは、カタカナもままならぬ状況で、早めに塾に来て一緒に練習したことを覚えています。その子は、記述が多く国語も難しい神奈川最難関の男子校にチャレンジすることになりました。入試当日、校門の前で、親子を激励したときのことです。

お母さん「先生、うちの子が日本で一番がんばりましたよね」
私「はい、カタカナができない段階から、よくぞ記述欄が埋まるようになりました。私も日本一だと思います」
お母さん「そうですよね。そんなわが子をこの学校が不合格にするんだったら、こっちからこの学校を蹴ってやりますよ」
不合格だったら、辞退することはできないという無粋なことはさておき、その子は「お母さんの一言が本当にうれしかった」と10年以上経って教えてくれました。
結果は、残念ながら不合格……。しかし、その日の夕方に繰り上げ合格の連絡が届きました。必死で埋めた記述のどこかの部分点の1点が合格につながったこと、そしてその1点が、母の愛から生まれたのは間違いありません。

▼日本一の親孝行

第一志望の共学校に合格するために勉強をはじめたその子は、他の学校の併願は一切しませんでした。

なかなか成績が上がらず苦戦しましたが、1月になって大きく過去問の点数が取れるようになります。しかし、入試直前にお母さんの体調が悪くなり入院しなくてはいけない状況となってしまいます。

お弁当づくり、犬の散歩、小さい弟の面倒を見るなど、本人は気丈にふるまっていましたが、2月1日の朝の顔は、泣きはらして目が真っ赤な状態のまま、その日の午前・午後の2回のチャレンジ。残念ながら、この日はどちらも……。しかし、2月2日、3回目のチャレンジでリベンジを果たします。

お母さんからは、「2日に合格を持って帰ってきてくれたうちの子は、日本一の孝行娘です。2月2日の受験票をお守りに、手術をしてきます」

お守りの効果が絶大だったのか、その後手術の成功のご連絡がきました。

86

入試は次のステージへのスタート

中学受験を「わが子なりに悔いなくやり切れた」「あのがんばりはかっこよかった。一生忘れない」などで締めくくれれば、その受験は成功です。

さて、中学受験はゴールでもあり、その先につながるスタートでもあります。もう少しだけおつきあいください。

第一志望への未練を引きずってしまう保護者の気持ちもわかります。しかし、子どもは案外早く切り替えるにもかかわらず、**保護者が「あのとき○○しておけば」という後悔から離れられないようであれば、子どもは決して幸せな中学生活を送れません。**「置かれた場所で咲きなさい」という言葉もありますが、「子どもが入った学校がベスト」だという考えを、保護者が持てるかが重要です。

「転ぶのが痛いのではない。転ぶのを見られるのがつらいだけだ」という言葉があります。子どもの進学する学校に納得がいかないのは、ひょっとして誰かに対しての見栄からきているかもしれません。

また、4月になって中学生としてがんばるのは子ども本人です。子どもが12歳を越えたら「子離れ」をしていくことです。世界には、12歳でお金を稼いでいる子がたくさんいます。日本は成人年齢が引き下げられたので、18歳で大人です。中学入学は、大人への階段の第一歩でもあります。

家族で、超ハラハラドキドキの吊り橋を長期間渡るのが、中学受験です。何かしてあげたいと思う部分は残っているかもしれませんが、**中学受験を完走できたという体験が、すでに家族の一生の絆になっていることは、間違いないのではないでしょうか。**

87

卒業生のメッセージ

この本も少しずつエピローグが近づいてきました。卒業した生徒たちからの、等身大のメッセージを送ります。「合格した子たちはすごい子たちばかり。それと比べてうちの子は……」などと、まったく思う必要はありません。子どもたちがどんなことを感じ、何を考えて受験に臨んでいるのか、イメージをしていただければと思います。

▼ほぼ0からのスタート

私は6年になる直前の2月から塾に通いはじめ、初のテストで算数がなんと2点でした。しかもその2点は、計算以外に○はありませんでした。でも母は「0からじゃないけど、ほぼ0からのスタートだね」と笑って受け入れてくれました。志望校選びは、実際に学校に足を運ぶことで、最初の志望校から行きたい学校が少しずつ変わっていきました。文化祭を見に行ったとき、家族とはぐれて生徒会の人たちとしゃべったり、お世話になったりしたのも、よかったのかもしれません。

受験間近に、絶望的だった算数を詰めまくって本番へ。見事3連勝できました。合格発表を見たときは、びっくりして声が出ませんでした。母は涙を浮かべて喜んでくれました。

▼終わった科目は忘れること

私は、1月受験で失敗しました。この不合格で私はやっと本気になり、ラストスパートをかけました。足を引っ張っていた社会を重点的にやることを決め、最後の1週間はさぼっていた社会のプリントを引っ張り出しては、根こそぎやっていました。

いよいよ入試当日の社会の時間、あまりできなかった算数のことが気になりつつ、「1科目が終わったらそのことは忘れて次の科目に全力を注げ」と先生に言われていたのを思い出し、社会に集中しました。途中でわからない問題があったときも、もしかしたら採点ミスがあるかもしれないと思い、適当にでもとにかく書きました。塾に戻って確かめると、今までの最高点で、しかも当て勘で一つ合っていたので、最後まで諦めないことが大切だなと思いました（笑）。

▼自分を信じて本番へ

スランプは夏期講習直前と、年明けの1月にありました。得意だった算数が得点できなくなったのです。1月は入試直前だったこともあり、気持ちが焦れば焦るほど、成績は下がり続けました。

ついに、先生に呼び出され算数の単元別プリントを解きまくりました。総合問題よりも「できた」という感覚がつかめたことで、少しずつ自信が復活していきました。最後に「単元」に戻るという先生の作戦は大成功でした。

「これだけたくさんの問題を解いたんだからきっと大丈夫。いつもの実力を出せばいいんだ」と自分を信じて本番に臨むことができました。

▼やる気が出た瞬間

私がベッドに入って寝ようとしているとき、父と母が私のことで相談している声が聞こえてきました。普段は怒りっぽい父が、「この子は最後には結果を出せる子だ。志望校も本人の行きたい学校でいい。信じていこう」と言ってくれていたのです。負けられないと思いました。

88

先輩保護者のメッセージ

生徒の次は、先輩保護者のメッセージです。

▼見張り？　見守り？

わが家の勉強スタイルは、リビングで、私が見守り（見張り？）ながらというものでした。距離感と窮屈さゆえに、何度も親子で衝突しました。先生からの「せっかくリビングで勉強しているんだから、一区切りしたタイミングでココアを一緒に飲んだりするといいですよ」というアドバイスが役に立ちました。

▼親孝行のほほえみ

合格発表のとき、学校には一緒に行きましたが、娘から「落ちているかもしれないから校門で待っていて。少し経ったら来て」と言われたので校門で待っていました。そしたらすぐに、半分泣き顔の娘が走ってきました。一瞬「ダメだった？」と思いましたが、よく見たらうれし泣き。今まで見たことのないくらいの最高の泣き顔でした。

子どもは赤ちゃんのうちにほほえみで一生分の親孝行をするという話を聞いたことがありますが、また親孝行をしてくれました。

▼塾、楽しかった

「塾、楽しかった。もう行けないのか……」

受験が終わり、遊びまわっていた息子がふともらした言葉に、よきライバルと情熱的な先生とともに走り続けた塾生活が、親が思う以上に濃密でかけがえのない時間だったことに気づかされました。

入試は4日間。それまでの濃密さと比べて本当にあっけなく終わりました。子どもによりそい、反発しあい、一緒に迷い、焦り、そして流したうれし涙。冒頭の言葉で、親子で受験生活をともに過ごした日々が、彼にとっても私にとっても生涯忘れられない宝物となりました。
息子よ、受験してくれてありがとう。新しい生活にも、幸多からんことを。

▼光り輝く星

2月5日、娘にとって最終受験日であり、憧れ続けてきた第一志望への最終トライの日でした。受験会場から出てきた娘のほっとしたようなやわらかい笑顔。そして、「受験をさせてくれてありがとうございました」の言葉。私はあふれる涙を必死にこらえて「今ここにいるのは、あなたの努力の証だよ」と娘に笑顔で応えました。

5年生の夏期講習から入塾し、最初の授業を終えた娘の感想は「宇宙にいるみたいだった」でした。最後の合格発表の日、娘が宇宙で光り輝く星の一つになれました。

▼息子の強さ

息子は、入試１００日前ごろから大スランプに。不安やプレッシャー、ひどい頭痛に苦しみ、成果の見えない中でもがきながら、それでも「力は確実についている」という先生の言葉を支えに、息子は立ち止まることなく机に向かい続けました。彼のどこにそんな強さがあったのかと、正直驚きました。

合格の報告に行った際、息子はお礼もそこそこに、解けなかった問題を質問。もういいんじゃない？　と半分あきれつつ、この姿勢こそが奇跡の全勝を呼んだのだと強く思いました。

第10章

中学受験のお悩み相談

89

「勉強を長時間続けることができません」

最後の章では、保護者のみなさんのよくあるお悩みに、答えていきたいと思います。

「うちの子は、長時間勉強できません。自分の部屋で勉強しているかと思ったら、すぐ冷蔵庫の飲み物を飲みにきたりしています。静かだなあと思って部屋をのぞいてみたら寝転がって漫画を読んだりしています。何かよい方法はありませんか？」

まずは、漫画とゲームをリビングに移動させましょう。勉強の復習はしないのに、漫画は1巻から読み直すという姿はよく見られるものです。ゲームは時間を決めるのも一つの手ですが、ゲーム会社のたゆまぬ企業努力によって、**途中でやめるのが難しいつくりにもなっているので、そもそもすぐ手に取れない環境を作りましょう。**

また、冷蔵庫と机の往復が気になる場合は、家庭でも水筒やペットボトルで水分補給するようにすると、一発で解決できます。

長時間勉強をするときの気分転換のコツをいくつかご紹介します。

ストレッチ

同じ姿勢でいると筋肉が緊張して疲れやすくなるので、「体をねじる」「肩や首を動かす」と効果があります。

勉強する場所を変える

自分の机で勉強して疲れてきたら、リビングでやってみるなど、環境を変えるとリフレッシュ効果がかんたんに得られます。

科目を変える

気分転換に「漫画」「ゲーム」「テレビ」に走ると、そちらがメインになります。国語の文章読解で疲れたら、算数の計算をやるなど「科目を変えること」を試してください。とくに計算、漢字や語句の暗記などを短時間はさむとよいです。

90

「気が弱くて本番が心配です」

「うちの子は、問題が解けないとすぐにメソメソと泣いてしまいます。模試の結果がよかったときは大丈夫ですが、悪かったときは毎回落ち込みます。受験に向いてないのでしょうか」

まずは、**落ち込むぐらい一生懸命に取り組んでいることを、前向きにとらえてあげるところからスタートしてください。**

「我が辞書に不可能はない」という言葉は、ナポレオン・ボナパルトの名言として知られています。しかし、そのナポレオンも妻のジョセフィーヌに対しては、手紙でこのように心情を吐露しています。

「私の生活は、不断の悪夢だ。不吉な予感で息もつけない」

この手紙は、ナポレオンが世界から絶賛されているときに書かれたもの。何かに立ち向かっている人は、不安からは逃れられないことがわかります。逆にいうと、「不安なときは、戦っている証」です。

「不安な気持ちになるよね」と気持ちに共感してから、「悲しいのは、本気でがんばっているからなんだよ。努力していることを、ちゃんと見ているからね」などとよりそってあげてください。

もう一つお伝えしたいことは、**保護者が心配性の場合、子どももそうなりがちだということ**。塾でも、生徒が教室長の性格に似ていくことが多いと、長年の経験で感じています。

子どもの性格は、まわりの大人の影響を強く受けるので、保護者もできるだけポジティブで大らかに物事をとらえるようにすることをおすすめします。

91

「なかなか成績が伸びません。塾が合ってないのでしょうか」

「塾に入って半年経ちますが、なかなか成績が伸びません。このまま同じ塾に通い続けていいのでしょうか『塾はどう?』と聞いても『別に』としか返ってきません」

塾に行くときに行き渋ったりしていないのなら、その塾が合っていると判断していいと思います。塾から戻ってきたときの様子が元気であれば、なおさら安心です。

成績に関しては、全員がマラソンのように走り続ける中でつけられるものなので、偏差値や順位にはなかなか表れてこないと思っていてください。

逆に心配なのは、その塾が指導するレベルより、本人の学力が高い場合です。苦労せずに点数が取れるので、居心地がよいけど学力がそれ以上伸びないというケースがあります。**塾の小テストがいつも満点で、宿題もすぐ終わって暇そうにしているなどの場合は、塾に様子を問い合わせてみてください。**

92

「危機感がなくて心配になります」

「うちの子は、2年生から塾に通いはじめてもう4年になります。あとから入ってきた子たちに成績をどんどん抜かされてしまって、正直焦ります。それなのに、子どもは平気な顔でニコニコ塾に通っているのが信じられません。もう少し、悔しいとか負けてなるものかなどと思ってほしいのですが」

上昇志向を持ってほしいという気持ちはよくわかります。しかし、受験生全員が、競争が好きだったり負けず嫌いだったりするわけでもないのは事実です。それを子どもに無理に求めてしまっても、いい結果が出るとは思えません。まずは、**長い間勉強を続けられていることが、一つの才能だととらえてあげてください**。

画家ルノワールの友人セザンヌは「あきれるほど絵が下手」とされていました。

セザンヌは、印象派の立ち上げメンバーですが、みんなに「下手だ」と笑われて南フランスに帰ってしまったというエピソードがあるほどです。親の遺産を使って、それでもうまくならないのですが、ずっと描き続けているうちに時代（価値観）が変わり、セザンヌの絵を「おもしろい」とする評価が増えてきたのです。とくに、ピカソは自分の画力が高すぎることから、「セザンヌのようには描けない」と白旗をあげたそうです。

「続ける」ことは、それだけですばらしいことです。また、他人の見方なんて、時代によって変わります。**誰かに勝ちたい、一番になりたいという情熱がなくても、後悔のない中学受験にすることはできます**。ありのままの子どもの姿を受け入れてあげてください。

93

「塾の宿題が多すぎます」

「塾の宿題が多すぎて終わりません。親が減らしてあげるべきでしょうか？」

塾の宿題は、とくに入塾したばかりのころや苦手教科がある場合は、すべてをこなすのが大変だと思います。習いごとや小学校の行事が忙しいときは「全部をやらないと絶対にダメだ」と思い込みすぎないようにしてください。

塾によっては、まったく宿題を出さないところや、漢字や計算、暗記などの反復のみのところ、分量を各科目の先生と調整して負担を少なくするところがあります。

宿題がやり切れないという理由で塾に行きたくなくなったり、やる、やらないで親子喧嘩をしたり、睡眠時間が取れなくて体調を壊したりすると本末転倒です。まずは、塾に現状を伝えて、改善策を探ってみてください。本人が宿題のやり方がわかっていなかったために、無駄な時間があったことに気づいた例もあります。

94

「過去問はいつから着手すべきですか？」

「過去問はいつから着手すべきでしょうか。解くときの注意点はありますか」

過去問に着手する時期は、夏期講習で総復習したあとの6年生9月からという塾が多いようです。ただし塾によっては、時期はもちろん、「第一志望からやるのか、おさえの学校からやるのか」「何年分やるのか」「最新の年度からやるのか、古い年度からやるのか」「先行してやらせる科目があるのか、ないのか」など、方針はそれぞれです。

過去問をやる前には、塾から説明があることがほとんどですので、「なぜその方法でやるのか？」という理由をしっかりと確認してください。ただ、言われるままに漠然と過去問を進めていて、大事な第一志望の対策が十分にできぬまま入試を終えてしまうのは悲劇です。

過去問が手に入ったらやりたいこと

過去問に挑戦する前でも、どんな問題が出題されているかを親子で確認することをおすすめします。過去問題集を購入しなくても、学校のホームページや塾のサイトから入手することが可能です。見ておきたいのは、次の5つです。

①科目ごとの配点と時間、問題数
②合格ライン
③全体における基本問題の割合
④算数の途中式の配点の有無
⑤頻出単元

これらをよく見て、今後どんな勉強に力を入れればよいか、試験の時間配分をどうするかなどの戦略を練りましょう。また、過去問は入試日程によって難度が変わることもあるので、第一志望は全日程を確認するといいでしょう。第一志望の受験生が多い最初の日程や、採点に手間のかかる問題を出しにくい午後の日程の問題のほうがやさしめの学校が多いです。

95

「はじめての過去問の出来が悪く、親子で焦っています」

「はじめての過去問チャレンジの出来が悪く、親子で焦っています。このままで大丈夫でしょうか?」

まずは、はじめての過去問チャレンジで合格ラインを超えることはほぼありませんので、ご安心ください。**まだすべての単元の知識が定着できてないのと、問題形式に慣れておらず時間配分ができていないのだと考えられます。**

復習をしっかりしていて、何年分もチャレンジしているけれど点数が伸びてこないというときは、「過去問には、同じ問題は二度と出題されていない」ということが原因になっているかもしれません。過去問は良質の問題が多いので、「やっていて学力が下がることはない」という信念で続けてみてください。取りかかってから3ヶ月くらいは我慢が続くと思います。

ただし、**合格最低点まで大きく数字が離れてしまっていて、本人のモチベーションが下がっている場合などは、過去問演習を休んで基礎を固める時期を作ったり、自信回復のために別の学校の過去問にしばらく切り替えたりするのもいいでしょう。**

入試の資料には「受験者平均点」「合格最低ライン」「合格者平均点」の3つが出ていますが、このうち、**「合格最低ライン」を重視してください。**保護者は安心したいためについつい「合格者平均点」を取らせたいと思いがちですが、そこを気にするあまりオーバーワークになってしまうと、自信喪失にもつながります。

「合格者平均点」には、その学校をおさえで受験していて、実際には進学者とはならない猛者たちの点数も反映されています。第一志望の学校で合格者平均点を取ることはかなり難しいことですし、その必要もないと思っておいたほうが、精神衛生上も健全です。

96

「受験直前に子どものメンタルが落ち込んでしまいました」

「受験直前に子どものメンタルが落ち込んでしまいました。どう接するのが正解でしょうか？」

しっかり勉強をさせて「できた」という実感を持たせる、というのが正攻法ではありますが、現実的にはそれがうまくいかないからメンタルが落ち込んでいるということが考えられます。

この状況では、学力をつけることよりも、メンタルを回復させることを最優先にするべきです。落ち込んでいる原因を具体的に探ることも大切ですが、本人も気づいていない漠然としたことが理由になっているかもしれませんし、理由が一つではない可能性もあるので、突き詰めて考えすぎないようにすることも大事です。

私が重視しているのは、「気分転換」と「ストレス発散」です。

受験直前期は、脇目もふらず勉強づけになっていることがほとんどだと思います。少し勇気がいるかもしれませんが、思い切って本人の好きな趣味に1日没頭させることでうまくいったというケースがあります。1日勉強から離れて頭を空っぽにすることで、狭くなっていた視野がぐっと広がるということだってあります。

ある女の子は、「落ち込んだときは、家族でケーキバイキングに行ったらすっごい元気になった！」と報告をしてくれました。家族みんなで時間を過ごすのも、一つのポイントだと思います。

97

「親がどこまで勉強を教えるべきですか？」

「パパがはりきって勉強を教えているけれど、親がどこまでやるべきですか？」

保護者の仕事の優先順位は、①体調管理、②メンタルを支えること、③スケジュール調整、そして最後に④勉強の手助けです。「何をやらせるか」より、「何をやらせないか」という観点で子どものサポートをしてあげてください。経験上、この相談があるときは、すでに何かしらの問題がある場合がほとんどです。本人に「パパに教えてほしい？」という本音を聞くことができたら、それに従うのがいいでしょう。

個別に指導するときは、一から十まで教えることで本人が頭を使わず、「わかったつもりになって、自分では解けるようになっていない」ことに注意が必要です。入試が近づくにつれ「教えすぎない」くらいがちょうどいいと思います。

98

「子どもがカンニングをしてしまいました」

「子どもがカンニングをしているようです。どんな声をかけるべきですか？」

もちろんカンニングは容認できませんが、まずは、「カンニングをしているということはとんでもなくひどいことではない」というスタンスが大事だと思います。

子どものカンニングを見つけたときは、少なからずショックを受けると思いますが、**カンニングしなくてはいけないようなプレッシャーを感じさせている状況や、カンニングができるような環境を作った大人側の責任も、0ではありません。**

テストのカンニングの場合は、塾に相談して席を替えてもらいましょう。これは、カンニングをされたというケースでも同様です。宿題の答えを写している場合は、「これからは、解答はお母さん（お父さん）が管理するね」などと外堀を埋め、カンニングをできない環境を整えるのが第一です。

「あなた、カンニングしたよね？」と問い詰めたところで、子どもが素直に「ごめんなさい。もうしません」と謝るというパターンには、ほぼなりません。上手に段取りをしたいところです。**子どもが、なんとなく「あれ、気づかれたかも？」と感じた場合は、自然とカンニングがなくなっていくのが普通です。**

プリンストン大学で行われているオナー・コードをご存じでしょうか。「試験監督なしで試験を行い、自ら不正しないことを誓うしくみ」のことです。

筆記試験の際に学生は試験の解答用紙に「不正をしないことを誓います」という文章を書いて提出します。学生のモラル（規範意識）を信じる、すばらしい取り組みですね。

実際には、筆記試験後に教授による2時間以上の口述試験が行われるので、カンニング自体不可能なのですが、子どもを信じるその姿勢は学びたいものです。

99

「ペースについていけず、塾を変えるか迷っています」

「塾のペースについていけず、成績が低迷……。塾を変えるべきですか？」

成績が一度も下がらず、順風満帆にうまくいき続けるということは絶対にありませんので、この悩みが一度も出てこない保護者も、おそらくいないでしょう。

塾を変えても、同じような悩みが出てくることは間違いありません。それでも変えることを検討するならば、次の3つに気をつけましょう。**①本人の意思をまったく無視して、保護者主導で塾を変えることは避ける、②できれば変更は少ない数（理想は1回）ですませる、③入試直前には変更しない**、です。本人の性格まで理解してくれている今の塾は、それだけで貴重な存在だということを知っておいてください。「子どもの味方はたくさんいたほうがいい」と考えると、少し気持ちが楽になります。

100 「努力しているのに結果が出ません」

「努力しているのに、なかなか結果が出ません」という悩みで一番根が深いのは、「努力をしていると自分では思い込んでいるけど、実はそれほどやっていない」というタイプです。

まずは**一日の終わりに「机の前にいた時間」ではなく、「実際に解いたプリントの枚数や解いた問題数」「暗記や漢字練習などはノートの枚数」などを数値化すること**をおすすめします。がんばっていることが数値化できたのなら、結果が出るのも時間の問題。自信を持って進めていけばいいでしょう。

うまく集中できず、**学習の量が足りていない場合は、計画の単位を1時間単位にせずに、分単位で組みます**。15分を1つのまとまりにして、15分は漢字、30分は理科の宿題などというふうに組むと、集中して勉強できるようになります。

塾で習ったテクニックが、家庭学習で実践できているかもチェックしましょう。問題文で間違いやすそうな場所に線を引く、途中式を大きく書く、数字やカタカナの間違いをしないなどは、どの講師も口を酸っぱくして伝えているはずです。

合否は、その学校にどれだけ合格したいと思っているかの「情熱の量」と、入試までどれだけがんばって勉強したかの「努力の量」と、本番でどれだけミスを少なく問題を解けたかの「集中力」の3つのかけ算で導かれます。

ミスが多いのにヘラヘラしているうちは、受験を自分ごとにできていないので、そのままでは成績が上がることはありません。正しい努力を積み重ねることが、結局は合格への最短の道となります。

あとがき

私「今、娘さんの受験を終えた率直な気持ちはいかがでしょうか?」
母「我が子の受験のことを語ると、多分一冊の本になると思います。書ける自信も、書くつもりもありませんが。かんたんには語り尽くせないことばかりでした」

これは、教え子のお母さんと、企画で対談をしたときの会話です。本書では、私が出会ってきたご家庭を一つひとつ思い起こして執筆しましたが、やはり、かんたんに語り尽くすことなどできませんでした。ページの都合で泣く泣く削った内容もありますが、できるだけ普遍的な内容を伝えられるように心がけました。「普通の家庭の普通の子が、その子なりの努力で成長する」のが、中学受験のあるべき姿だと感じます。

同じお母さんからは、続けてこんなコメントをいただきました。
「中学受験をはじめた理由は、一言で表せます。それは、『娘への愛ゆえに』だったと思います。その気持ちを最後まで忘れないように心がけられたので、母としてがんばれたのではないでしょうか」

もう一つ、教え子が後輩のために書いてくれた色紙のメッセージもご紹介します。

「嬉し涙も　悔し涙も　すべて宝物」

短いですが、忘れられない言葉です。志望校合格のためにがんばったことはもちろん、さまざまな経験を通して人間的に成長できるのも、中学受験のよさだと思います。

そして、この教え子のように、自分のことだけではなく、他人を励ますようにもなってくれた教え子たちを誇りに、そして宝物であると心から思います。

最後まで目を通してくださったみなさん、同じ教育業界で研鑽を積む同志のみなさん、これまで出会ったすべての生徒・保護者のみなさんに、深く感謝します。執筆の機会をくれたかんき出版の今駒さんも、本当にありがとうございました。

みなさまの未来に幸多からんことを、心よりお祈り申し上げます。

２０２３年夏　　　　渋田隆之

【著者紹介】

渋田隆之（しぶた・たかゆき）

◉——国語専門塾の中学受験PREX代表、教育コンサルタント・学習アドバイザー。

◉——神奈川大手学習塾で中学受験部門を立ち上げ、責任者として20年携わる。同部門は、オリコン顧客満足度ランキングで、2010年度・2011年度の２年連続で全国１位を獲得。

◉——毎年、塾に通う受験生全員と生徒面談を実施。保護者向けにも、ガイダンス、進路面談・カウンセリングを担当し、これまで関わった人数は２万人以上。一人ひとりの個性や、置かれた環境に寄り添ったアドバイスに定評があり、生徒・保護者から絶大な信頼を寄せられている。

◉——保護者向けの講演会は年に80回以上。日々の思いを綴るブログ「中学受験熱血応援談」は年間100万件以上のアクセスを獲得している。

◉——2022年7月に中学受験PREXを立ち上げ、現在も継続して中学受験の最前線に立ち続ける。国内最大の受験人数を誇る首都圏模試センターの中学受験サポーターも歴任し、中学校と受験生の橋渡しとなる情報提供を日々行っている。

2万人《まんにん》の受験生親《じゅけんせいおや》子《こ》を合格《ごうかく》に導《みちび》いたプロ講師《こうし》の
後悔《こうかい》しない中学受験《ちゅうがくじゅけん》100

2023年 9 月 20 日　　第１刷発行
2024年 10 月 21 日　　第３刷発行

著　者——渋田　隆之
発行者——齊藤　龍男
発行所——株式会社かんき出版
東京都千代田区麴町4-1-4 西脇ビル　〒102-0083
電話　営業部：03(3262)8011㈹　編集部：03(3262)8012㈹
FAX　03(3234)4421　　振替　00100-2-62304
https://kanki-pub.co.jp/

印刷所——シナノ印刷株式会社

　ISBN978-4-7612-3100-2 C6037